Anne Frank

W0062126

ro
ro
ro

rowohlts monographien
begründet von Kurt Kusenberg
herausgegeben von Wolfgang Müller
und Uwe Naumann

Anne Frank

Dargestellt von Matthias Heyl

Rowohlt Taschenbuch Verlag

Umschlagvorderseite: Anne Frank. Anne klebte das
Bild auf die Innenseite des Umschlags ihres Tagebuchs,
das sie zu ihrem 13. Geburtstag am 12. Juni 1942 von
ihren Eltern geschenkt bekam, und schrieb darüber:
«Ein goldiges Foto, gell!!!!»
Umschlagrückseite: Das Tagebuch
Das Hinterhaus des Hauses in der Prinsengracht.
Foto aus den fünfziger Jahren

Seite 3: Anne Frank in dem Schweizer Ferienort Sils-Maria,
wo die Familie Frank häufig ihren Sommerurlaub verbrachte, 1935
Seite 6: Die Erstausgabe des Tagebuchs von Anne Frank, die 1955
im Fischer Verlag Frankfurt a. M. erschien

Originalausgabe
Veröffentlicht im Rowohlt Taschenbuch Verlag
GmbH, Reinbek bei Hamburg, Juli 2002
Copyright © 2002 by Rowohlt Taschenbuch Verlag
GmbH, Reinbek bei Hamburg
Alle Rechte an dieser Ausgabe vorbehalten
Umschlaggestaltung Ivar Bläsi
Redaktionsassistenz Katrin Finkemeier
Reihentypografie Daniel Sauthoff
Layout Gabriele Boekholt
Satz PE Proforma *und* Foundry Sans *PostScript,*
QuarkXPress 4.11
Gesamtherstellung Clausen & Bosse, Leck
Printed in Germany
ISBN 3 499 50524 X

Die Schreibweise entspricht den Regeln
der neuen Rechtschreibung.

INHALT

Berühmt

Du weißt längst, dass es mein liebster Wunsch ist, dass ich einmal Journalistin und später eine berühmte Schriftstellerin werden werde. Ob ich diese Größen-(Wahnsinn!) Neigungen je zur Ausführung bringen werden kann, das wird sich noch herausstellen müssen, aber Themen habe ich bis jetzt schon noch. Nach dem Krieg will ich auf jeden Fall ein Buch betitelt «Das Hinterhaus» herausgeben, ob das gelingt, bleibt auch noch die Frage, aber mein Tagebuch wird dafür dienen können. (13. Mai 1944)[1] Anne Frank, die diese Zeilen im Mai 1944, knapp ein Jahr vor Kriegsende, in ihr Tagebuch schrieb, hat den Krieg nicht überlebt, und sie hat ihr Buch über das Hinterhaus nicht herausbringen können. Sie hat die Anteilnahme, ja: den Weltruhm, den ihre Aufzeichnungen ihr eintragen sollten, nicht erlebt. Zwölf Wochen später, am Freitag, dem 4. August 1944, fand das Leben im Hinterhaus ein Ende, und es ist einem glücklichen Umstand und dem beherzten Eingreifen von Miep Gies zu verdanken, dass wenigstens ihr Tagebuch den Krieg überdauert hat.

Für Anne Frank war dieses Tagebuch Vertraute, Zuflucht und Möglichkeit, sich auszuprobieren. Sie dankte Gott dafür, *dass er mir bei meiner Geburt schon eine Möglichkeit mitgegeben hat, mich zu entwickeln und zu schreiben, also um auszudrücken, alles was in mir ist*[2]. Das Tagebuch nannte sie *mein Anfang und mein Ende*[3]. Als nach einem Einbruch Stimmen im Versteck laut wurden, man solle Annes Tagebuch verbrennen, schrieb Anne *mein Tagebuch nicht, mein Tagebuch nur zusammen mit mir!*[4] Schreiben war ihr Lebensinhalt geworden.[5] Auch Annes Schwester Margot hat Tagebuch geführt, wie wir einer Eintragung Annes vom 27. September 1942 entnehmen können.[6] Diese Aufzeichnungen sind bis heute verschollen.

Anne Franks in niederländischer Sprache abgefasste Tagebücher sind in mehr als sechzig weitere Sprachen übersetzt und weltweit in über 25 Millionen Exemplaren verbreitet worden. Zwei Stiftungen und zahlreiche Schulen und Straßen in aller Welt tragen ihren Namen. Ihr Tagebuch ist – in den Worten ihres Vaters, Otto Frank – «eben ein document humain, es ist etwas Menschliches, was die Menschen berührt, ganz gleichgültig, in welchem Land sie leben»[7].

Anne Frank ist für viele die «Personifizierung von Millionen anonymer Opfer der Judenverfolgung während des Zweiten Weltkriegs»[8] geworden, wie Dineke Stam bemerkt, und in den Worten des amerikanischen Literaturwissenschaftlers James E. Young erscheint das Anne-Frank-Haus wie ein «den Zugang erleichterndes Fenster zum Holocaust»[9]. Der Historiker Frank van Vree nennt das Bild der Anne Frank in den Niederlanden eine «Ikone der Unschuld»[10], und die amerikanische Journalistin Judith Miller sieht in ihr sogar «Hollands inoffizielle Schutzheilige»[11]. Diese um Anne Frank entstandene «Sphäre der Heiligkeit» hat es, wie Stam anmerkt, lange erschwert, sich wirklich ernsthaft mit ihr als Person und – ihrem eigenen Anspruch nach – als Schriftstellerin auseinander zu setzen.[12] Dieses Buch bemüht sich, dem Mädchen, der jungen Frau und der Schriftstellerin Anne Frank gerecht zu werden.

Deutschland, Frankfurt, Aachen

Annes Eltern stammten aus gutbürgerlichen, deutsch-jüdischen Familien. Otto Heinrich Frank kam am 12. Mai 1889 in Frankfurt a. M. als zweites von vier Kindern des Bankdirektors Michael Frank und seiner Frau Alice, geb. Stern, zur Welt. Ottos Vater war 1879 aus Landau in die Mainmetropole gezogen und hatte 1885 das «Bankgeschäft» gegründet, das seinen Namen trug. Im selben Jahr heiratete er dort Alice Betty Stern, deren Familie bereits seit Anfang des 16. Jahrhunderts in der Stadt ansässig war.[13] Die Geschäfte florierten, und Michael Frank erwarb Beteiligungen an anderen Unternehmen, die er mit Gewinn verkaufte. 1902 ließ sich die Familie, die dem wohlhabenden Bürgertum angehörte, im noblen Frankfurter Westend nieder.

Juden zählten seit dem 12. Jahrhundert zur Einwohnerschaft Frankfurts. Noch bis 1811 war ihnen nur die Ansiedlung im Ghetto der Stadt erlaubt, wo auch Annes Urgroßeltern aufgewachsen waren – in der «Judengasse», dem Zentrum der damals größten jüdischen Gemeinde Deutschlands. Von Juden, die etwas werden wollten, erwartete man noch bis ins 19. Jahrhundert hinein, dass sie zum Christentum konvertierten. Ludwig Börne etwa ließ sich 1818 taufen, nachdem er 1815 aus dem Frankfurter Polizeidienst entlassen worden war, weil Juden keine öffentlichen Ämter bekleiden durften. 1855 taufte die Stadt – manchmal gingen Stigmatisierung und Anerkennung seltsame Verbindungen ein – den «Judenmarkt» im früheren Ghetto nach dem inzwischen weithin anerkannten Sohn der Stadt «Börneplatz», und noch einmal dreißig Jahre später wurde die ehemalige «Judengasse» in «Börnestraße» umbenannt.[14] Die bürgerliche Emanzipation im 19. Jahrhundert beförderte das Wachstum der jüdischen Gemeinde, die zwischen 1808 und 1867 von 3200 auf 8238 Mitglieder anwuchs. Zu Anfang des 20. Jahrhunderts zählte sie fast 22000 Mitglieder, und 1933 waren etwa 28000 Frankfurter Mitglieder der jüdischen Gemeinde der Mainmetropole.[15]

Die Familie Frank gehörte der bedeutenden liberalen Frankfurter jüdischen Gemeinde an, deren Gottesdienste in deutscher Sprache stattfanden und mit Predigt, Chören und Orgelspiel an den Protestantismus erinnerten.[16] Antisemitismus hatte Anne Franks Vater in seiner Jugend nicht wahrgenommen, wie er später dem Journalisten Ernst Schnabel berichtete: Antisemiten – «sicherlich gab es welche, aber ich habe keinen getroffen»[17]. 1977 allerdings gestand Otto Frank mit Blick auf ein Foto, das ihn im Kreis seiner Freunde aus Kindertagen zeigte, einer Bekannten gegenüber ein: «alle, außer dem einen, da rechts, sind Nazis geworden»[18].

Otto Frank und seine drei Geschwister verlebten eine mehr oder minder sorglose Kindheit und Jugend, über die Anne später in ihr Tagebuch schreiben sollte, er habe *ein richtiges Reiches-Söhnchen-Leben* geführt, *jede Woche Partys, Bälle, Feste, schöne Mädchen, Walzer tanzen, Diners, viele Zimmer usw.*[19] Er besuchte das humanistische Lessing-Gymnasium, lernte dort Latein, Altgriechisch und Französisch und legte im Jahre 1908 – als einziger jüdischer Schüler seines Jahrgangs – die Reifeprüfung ab.[20] «Schon während der Schulzeit» erinnerte sich Otto Frank zehn Jahre nach dem Abitur, sei er wegen seiner «Neigung zu Reisen ins Ausland aufgezogen» worden. Dass er dieser Neigung folgen konnte, spricht für den Wohlstand der Familie Frank und den elterlichen Rückhalt, den Otto Frank genoss, weil Reisen bildet – wenn man es sich leisten kann. Und das konnten damals die wenigsten. Eine «Erholungsreise nach Spanien» während der Osterferien war damals durchaus ungewöhnlich.[21]

Neunzehnjährig immatrikulierte sich Otto Frank an der Heidelberger Universität für das Studium der Kunstgeschichte.[22] Die Franks waren Bildungsbürger, und Otto interessierte sich besonders für Literatur, Architektur und Musik, die er später auch seinen Töchtern nahe zu bringen versuchte.[23] Nach nur einem Semester brach Otto Frank jedoch sein Studium ab, um im New Yorker Warenhaus Macy's, das der Familie seines amerikanischen Studienfreundes Charles Webster Straus gehörte, ein Praktikum zu absolvieren.[24] Das Land der unbegrenzten Möglichkeiten war Anfang des 20. Jahrhunderts noch eine Weltreise entfernt. Die Schiffspassage zwischen den Kontinenten dauerte in der Regel mindestens eine gute Woche. In New York angekommen, arbeite-

te Otto Frank tagsüber bei Macy's, abends erkundete er das Nacht-
leben [25] der Stadt, die bekanntlich niemals schläft. Gelegentlich
besuchte er seine Familie daheim. Im Herbst 1909 musste er jedoch dauerhaft nach Frankfurt zurückkehren, um seiner Mutter
bei der Leitung des Familienunternehmens zur Seite zu stehen, da
sein Vater überraschend gestorben war. Bis zum Ausbruch des Ersten Weltkriegs fuhr Otto Frank mehrfach zu Besuchen nach New
York. [26] Ob er sich eine Zukunft in Amerika vorgestellt hatte? 1918
jedenfalls schrieb er in einem Feldpostbrief an seine alte Schule:
«Die Absicht, dauernd im Ausland zu bleiben, hatte ich nie.» [27]
Otto Frank war zugleich weit gereist und weltgewandt, überzeugter Frankfurter (eine leichte Dialekteinfärbung blieb ihm lebens-
lang erhalten) und deutscher Patriot. 1915 wurde er – wie über
100 000 andere jüdische Männer zwischen 1914 und 1918 – zum
aktiven Dienst in der deutschen Armee einberufen und diente in
einem Artillerieregiment an der Westfront, wo er – anders als etwa
400 000 Engländer, 200 000 Franzosen und 450 000 deutsche Soldaten – die Schlacht an der Somme überlebte. [28] «In Deutschland
in eine assimilierte Familie hineingeboren, die seit Jahrhunder-
ten in jenem Land gelebt hatte», fühlte Otto Frank sich «sehr
deutsch» [29], als bewusster Jude und «irgendwie» auch «ganz bewusst Deutscher», wie er später bekannte. [30] Wie in den patrioti-
schen jüdischen Familien üblich, standen alle drei Söhne der
Familie als Frontsoldaten im Einsatz, Otto Franks Mutter Alice
und seine Schwester Helene leisteten freiwillig Dienst in einem
Armeehospital des Roten Kreuzes, und ein guter Teil des Familien-
vermögens floss in den Kauf von Kriegsanleihen. Zweimal wurde
Otto Frank befördert, und das Ende des Kriegs erlebte er als Leut-
nant. Durch die Zeichnung der Kriegsanleihen, die fortschreiten-
de Inflation und die nach dem verlorenen Krieg eingeführten
Devisenbeschränkungen schmolzen Familienvermögen und Fir-
menkapital der Franks erheblich dahin. Gemeinsam mit seinem
jüngeren Bruder Herbert und Helenes Mann Erich Elias versuchte
Otto Frank das Blatt zu wenden. Der Versuch zu retten, was zu
retten war, führte Otto Frank 1923, auf dem Höhepunkt der Inflation, in das neue Zentrum des europäischen Devisenhandels, nach
Amsterdam. Dort gründete er die Bank «M. Frank en Zonen», deren Prokurist der Niederländer Johannes Kleiman wurde. Nach

schwierigen und wenig erfolgreichen Geschäftsjahren wurde die Amsterdamer Dependance 1929 wieder aufgelöst.[31]

Am 16. Januar 1924 lernte Otto Frank Edith Holländer an deren 24. Geburtstag – man nimmt an, während einer Besprechung in der Frankfurter Bank – kennen.[32] Edith stammte aus einer wohlhabenden assimilierten jüdischen Familie in Aachen. Ihr Großvater hatte mit einem Schrotthandel und der Gründung einiger Metallfabriken die Basis für den Wohlstand der Familie gelegt.[33] Annes Mutter war die Jüngste von vier Kindern und wuchs unter äußerst günstigen Umständen auf. Sie besuchte die evangelische Victoria-Schule bis zur mittleren Reife 1916. Ihre Tochter Anne sollte später in ihrem Tagebuch im Vergleich zur Familie ihres Vaters notieren: *Mutter war nicht so reich, aber doch auch ganz ordentlich, und daher können wir mit offenem Mund den Geschichten von Verlobungen mit 250 Menschen, privaten Bällen und Diners lauschen.*[34] In Edith Holländers Familie hielt sich das Gerücht, dass sich die Heirat für Otto Frank «ausgezahlt» habe, weil ihre ansehnliche Mitgift es ihm ermöglichte, «langjährige Schulden abzubauen».[35]

Edith galt als eher schüchtern und zurückhaltend, und vielleicht fühlte sie sich besonders durch die Selbstsicherheit, das gewandte Auftreten und die Fürsorglichkeit ihres elf Jahre älteren Verehrers angezogen. Etwas über ein Jahr nach ihrem ersten Zusammentreffen heiratete Otto Frank an seinem 36. Geburtstag die Fünfundzwanzigjährige in der Aachener Synagoge, und die Flitterwochen verbrachte das Ehepaar in Italien.

Neun Monate später, am 16. Februar 1926, brachte Edith Frank ihre Tochter Margot Betty in Frankfurt zur Welt. Anfangs wohnte die Familie in Otto Franks noblem Elternhaus in der Jordanstraße, das sie sich mit Ottos Mutter Alice, seiner Schwester Helene, deren Mann Erich Elias und deren Söhnen Stephan und Bernhard («Buddy») teilten. Im Sommer 1927 bezog die dreiköpfige Familie dann eine eigene Wohnung in der ersten und zweiten Etage einer Doppelhaushälfte im Marbachweg 307. Das Haus teilte sie sich mit der Familie des Hauseigentümers. Die Bewohner dieses Neubaugebiets waren überwiegend Beamte, Lehrer und Angestellte. Margot erfuhr die intensive Zuwendung ihrer stolzen Eltern und der Haushälterin Kati Stilgenbauer, die mit den Franks unter einem Dach wohnte und in die Familie aufgenommen war.

Otto Frank mit seinen Töchtern Margot und Anne, 1930. «Papa mit seinen Sprösslingen», schrieb Anne zu diesem Foto später in ihr Tagebuch.

Im vierten Ehejahr brachte Edith am 12. Juni 1929 ihr zweites Kind in der Klinik des Vaterländischen Frauenvereins in Frankfurt zur Welt, das 54 Zentimeter maß und mehr als vier Kilo wog. Die Geburt war nicht einfach gewesen, hatte das Kind doch zu wenig Sauerstoff bekommen. Auch die Namensgebung verlief nicht ohne Komplikationen: Der «Säugling Frank» war von einem voreiligen Verwaltungsangestellten schon als «männliches Kind» einge-

Das Haus in der Ganghoferstraße 24 in Frankfurt,
wo die Familie Frank von April 1931 bis März 1933 wohnte.

tragen worden, als der stolze Vater den Namen des Kindes in die
Geburtsurkunde aufnehmen lassen wollte: Annelies Marie oder
kurz: Anne Frank.[36]

Anne wurde in eine unruhige Zeit hineingeboren. Kurz nach
ihrer Geburt sorgte der Börsencrash des «Schwarzen Freitag» für
neue Turbulenzen, und das «Bankgeschäft Michael Frank», das
überwiegend im Auslandsgeschäft und internationalen Wertpa-
pierhandel tätig war, musste Umsatzeinbußen von 90 Prozent hinnehmen.[37]

Im März 1931 zog die vierköpfige Familie in eine kleinere Par-
terre-Wohnung in der Ganghoferstraße 24 im Frankfurter «Dich-
terviertel». Dort lebten vor allem Selbständige, Ärzte, Anwälte
und Architekten.

Den Sommer 1932 hatte das kleine Bankhaus nur mit der
finanziellen Unterstützung eines Cousins überstanden.[38] Von den
Geschicken der Firma, deren Direktor Otto Frank war, waren nicht
nur er, seine Frau und die beiden Töchter abhängig, sondern auch

seine Mutter und seine Geschwister. Ein Ende der prekären Lage war nicht absehbar.

Die Franks waren nicht nur für damalige Verhältnisse eine moderne und ungewöhnliche Familie, in der die Töchter den vollen Respekt ihrer Eltern erfuhren. Margot war ein eher zurückhaltendes, wohlerzogenes und fast scheues Kind, Anne quirliger, herausfordernder, anspruchsvoller und eigenwilliger – in den Worten ihrer Frankfurter Großmutter Alice Frank ein echtes «Frauenzimmerchen»[39]. Die Kinder bildeten für Otto und Edith Frank eindeutig den Mittelpunkt ihres Lebens. Für Otto war seine Familie zugleich eine Zuflucht angesichts der beruflichen Sorgen.[40] Margot und Anne verlebten eine beschützte Kindheit in einer für die Erwachsenen sorgenvollen Zeit. Die Beziehungen sowohl zur Frankfurter Familie Otto Franks als auch zu Ediths Aachener Verwandten waren eng. Oft besuchte Edith mit ihren Töchtern «Oma Holländer» und ihre Brüder Julius und Walter, die beide kinderlos waren und Margot und Anne mit besonderer Zuneigung begegneten. In Frankfurt war das Haus von «Omi» Alice Frank einer der Treffpunkte der Familie.

1932 wurde Margot in eine reformpädagogisch inspirierte Grundschule eingeschult. Unter Margots 42 Klassenkameradinnen waren vier weitere jüdische Mädchen. Zweimal die Woche besuchte die gute und fleißige Schülerin auf Betreiben ihrer Mutter außerdem den jüdischen Religionsunterricht.

Die Weimarer Republik hatte damals ihren Rückhalt in der Bevölkerung schon weitgehend verloren, die Nazis hatten einen Teil der Unzufriedenen mit ihren antisemitischen und populistischen Losungen gewonnnen. Das Kindermädchen Kati Stilgenbauer erinnerte sich später an eine Szene aus dem Jahr 1929: Die Waschfrau hatte von Straßenkrawallen gesprochen, die «Braunen» hätten sich wieder geprügelt und randaliert. Beim Mittagessen fragte Kati Otto Frank, wer diese «Braunen» seien. Otto Frank habe «gelacht und versucht, einen Scherz zu machen, und wenn es auch kein richtiges Lachen und kein richtiger Scherz war, er hat es trotzdem versucht». Edith Frank aber «schaute vom Teller auf» und sagte düster: «Wir werden sie noch kennen lernen, Kati.»[41]

Otto Frank verfolgte die Ereignisse mit wachsender Sorge. Bereits 1932 begannen er und Edith, über eine Auswanderung aus

Anne und Margot mit ihrer Mutter Edith Frank
an der Hauptwache in Frankfurt, 10. März 1933

Deutschland nachzudenken, nachdem er antisemitische Losungen skandierenden SA-Trupps auf der Straße begegnet war.[42] Aber: «wie kann man einen Lebensunterhalt verdienen, wenn man weggeht und mehr oder weniger alles aufgibt?»[43]

«Lasst uns doch einmal sehen, was der Mann kann», war, wie sich Otto Frank später erinnerte, der Kommentar eines Bekannten, in dessen Haus sie die Rundfunkübertragung der Feiern aus Anlass der Ernennung Hitlers zum Reichskanzler am 30. Januar 1933 verfolgt hatten; er selber wusste darauf keine Antwort, und seine Frau «war wie erstarrt»[44]. Weil er wissen wollte, woran er war,

Nach der Wahl zur Stadt-verordnetenver-sammlung am 13. März 1933 feiern die Natio-nalsozialisten ihren Sieg vor dem Frankfurter Rathaus und hängen eine Hakenkreuz-fahne auf.

mutete er sich Hitlers «Mein Kampf» zu – und das war keine beruhigende Lektüre.[45]

Unruhige Zeiten waren es auch für die Frankfurter Juden, die nun wiederholt Opfer tätlicher Angriffe wurden.[46] Bereits am 11. März 1933 hatten die Nazis den Frankfurter Oberbürgermeister, der jüdischer Herkunft war, aus dem Amt und der Stadt vertrieben[47]; am Tag darauf errangen die Nazis in der wegen ihrer Weltoffenheit gepriesenen Mainmetropole bei den Kommunalwahlen 47,9 Prozent der Stimmen und wurden mit Abstand zur stärksten Fraktion im Römer – die absolute Mehrheit der zu verge-

benden Sitze verfehlten sie nur um ein Mandat. Die Sozialdemokraten folgten abgeschlagen mit 19,1 Prozent, und das katholische
«Zentrum» (11,4 %) löste die Kommunisten (9,7 %) vom dritten
Rang ab.[48] Bereits am nächsten Tag wehte am Frankfurter Rathaus
die Hakenkreuzfahne.[49]

Am 30. März 1933 wandte sich der Vorstand der Frankfurter jüdischen Gemeinde an die Mitglieder. Noch einmal beschwor man
die Geschichte der Frankfurter Juden, die zum Gedeihen ihrer Heimatstadt so vieles beigetragen hatten. Am Ende stand ein Appell an das Durchhalte-vermögen: «Verzagt nicht! Schließt die Reihen! Kein ehrenhafter Jude darf in dieser Zeit fahnenflüchtig wer-den.»[50]

> Nichts kann uns die tausend-jährige Verbundenheit mit unserer deutschen Heimat rauben, keine Not und Gefahr kann uns dem von unseren Vätern ererbten Glauben ab-spenstig machen.
>
> Frankfurter Israelitisches Gemeindeblatt, April 1933

Schon vor dem von den Nazis organisierten «Abwehr-Boy-
kott» waren Frankfurter Unternehmen jüdischer Eigentümer boy-
kottiert worden – nun weiteten die Nazis ihre Maßnahmen sogar
gegen Geschäfte nichtjüdischer Eigentümer aus, die jüdische Angestellte beschäftigten. Allein von März bis Oktober 1933 mussten
536 «jüdische» Unternehmen schließen.

Frankfurt eilte der reichsweiten Entwicklung voraus: Noch
ehe in Berlin entsprechende Verordnungen und Gesetze auf den
Weg gebracht wurden, entließ der nationalsozialistische Oberbürgermeister die jüdischen Angestellten der Stadt.[51]

Gerade waren die Franks «infolge der veränderten wirtschaftlichen Lage» zurück in Ottos Elternhaus gezogen[52], nun suchten
sie nach einer Zuflucht. Otto Franks Kontakte in die USA und in
die Niederlande ließen mehrere Möglichkeiten offen. Die englische Sprache beherrschte er gut, nicht zuletzt dank seiner New-
York-Aufenthalte; Edith Frank hatte in der Schule Französisch
und Englisch gelernt. Andere aus der Familie waren bereits früher
ins Ausland gegangen – Ottos Schwester Helene lebte seit 1930
mit ihrer Familie in der Schweiz, wo ihr Mann Erich Elias für die
Kölner Opekta-Werke, die Geliermittel für die Marmeladenher-
stellung produzierten, die Schweizer Zweigstelle aufbaute. Ein
Cousin lebte in Paris und Großcousine Milly in London ... Wohin
also? Ottos Schwager schlug vor, Otto solle sich um die Position

des niederländischen Repräsentanten der Opekta bewerben. Otto Frank willigte ein. Da die finanziellen Reserven der Familie gehörig abgeschmolzen waren, kam ein Leben im Exil, das zumindest eine Weile vom Ersparten finanziert werden könnte, nicht in Frage. Ohne sich und seine Familie selber ernähren zu können, bestand kaum Aussicht auf ein Visum in den meisten Zufluchtsländern. Eine erste Welle von etwa 26 000 Juden hatte Deutschland bereits im Juni 1933 verlassen – 37 000 weitere sollten ihnen bis Ende des Jahres folgen –, als sich Otto nach Amsterdam aufmachte, um seine neue berufliche Existenz vorzubereiten, die es ihm ermöglichen sollte, schnell Frau und Kinder nachzuholen. Edith, Margot und Anne Frank zogen derweil nach Aachen zu Ediths Familie. Durch die Aufnahme bei den vertrauten Verwandten, die sie nach Kräften verwöhnt haben dürften, wurde der Abschied von der gewohnten Umgebung, von Angehörigen und Freunden etwas leichter.

Während Margot bescheiden und genügsam war, galt Anne bereits als ein kleiner Quirl, der die ganze Aufmerksamkeit ihrer Umwelt einforderte. Sie war überhaupt nicht schüchtern, sondern sehr selbstbewusst und zuweilen keck. Überliefert ist ein Ausspruch der Viereinhalbjährigen, die für ihre Großmutter in einer voll besetzten Straßenbahn einen Sitzplatz sichern wollte: «Kann jemand für die alte Dame aufstehen?»[53] Rosa Holländer ertrug derlei Eskapaden ihrer jüngsten Enkelin mit großer Gelassenheit. Vielleicht mischte sich auch ein bisschen Stolz über das Temperament der Enkelin hinein, das ganz anders ausgefallen war als ihr eigenes, das ihrer Tochter Edith und ihrer Enkelin Margot. Anne war beredt, wo die anderen Zurückhaltung zeigten, und ihr Hang zu einer gewissen Egozentrik und Altklugheit wurde durch ihren Charme aufgewogen, mit dem sie die Verwandtschaft um den Finger wickelte.

Allmählich verließen auch die anderen Franks die Mainmetropole – Ottos Bruder Herbert hatte sich bereits 1932 in Frankreich niedergelassen. «Omi» Alice Frank folgte ihrer Tochter Helene im Oktober 1933 nach Basel, und Ottos älterer Bruder Robert ging nach England. Die Stadt wurde ärmer, ohne es zu merken.

Zuflucht Amsterdam

Der Eintrag im Melderegister der Stadt Amsterdam vom 16. August 1933 lautet schlicht und ergreifend: «Frank, Otto Heinrich, zugezogen aus Frankfurt am Main».[54] Edith Frank wurde gleich mit eingetragen. Otto Frank wohnte anfangs zur Untermiete. Er war nicht der Leiter einer niederländischen Filiale der Opekta geworden, sondern musste die «Nederlandsche Opekta Maatschappij NV» in eigener Regie aufbauen, die im September 1933 ins Handelsregister eingetragen wurde. Das zur Unternehmensgründung nötige Kapital von 15000 Gulden lieh er sich bei seinem Schwager Erich Elias. Otto Frank sollte das Geliermittel Pektin auf eigenes Risiko verkaufen dürfen, allerdings nur an Endverbraucher, also im Wesentlichen an Hausfrauen, um eine Konkurrenz mit der Utrechter Firma Pomosin zu vermeiden, die über ältere Rechte auf dem niederländischen Markt verfügte und Konservenfabriken und Marmeladenhersteller belieferte. Das Frankfurter Bankhaus Michael Frank stellte seine Tätigkeit dann offiziell zum 31. Januar 1934 ein.

Am 5. Dezember 1933 bezogen Otto und Edith Frank die zweite Etage eines Hauses am Merwedeplein 37, und zwei Tage später wurden auch ihre noch in Aachen verbliebenen Töchter dort registriert. Das Haus lag in der «Rivierenbuurt», dem «Flussviertel», einem Neubaugebiet im Süden Amsterdams. Dort standen Reihen für die zwanziger und dreißiger Jahre typischer dunkelroter, fast bräunlicher Backsteinhäuser – ein modernes, noch gesichtsloses Umfeld. Die rückwärtigen Balkone boten einen Blick auf die Gärten und die Rückseite der Häuser in der nächsten Reihe.

Bis zu meinem 4. Jahr wohnte ich in Frankfurt, dann ist mein Vater Otto [...] nach Holland, um eine Stellung zu suchen, das war im Juni [1933]. Er fand etwas, und seine Frau Edith Frank-Holländer ging im September auch nach Holland. Margot und ich gingen nach Aachen, wo unsere Großmutter Rosa Holländer-Stern wohnte. Margot ist im Dezember nach Holland, und ich im Februar, wo ich als Geburtstagsgeschenk bei Margot auf den Tisch gesetzt wurde.
Anne Frank, TGB, S. 222 (a)

Der Merwedeplein in Amsterdam-Süd. Acht Jahre hat die Familie Frank im 2. Stock des Hauses Nr. 37 ganz rechts gewohnt (siehe markierte Fenster). Postkarte aus der Zeit vor dem Zweiten Weltkrieg

Schmale Treppen führten – wie in den älteren Amsterdamer Häusern – in die oberen Etagen. Die Straßen waren, verglichen mit denen der älteren Amsterdamer Stadtteile, verhältnismäßig breit, und der anfangs sandige Merwedeplein bot nach seiner Begrünung einen großzügigen Eindruck und einen idealen Treffpunkt für die Kinder des Viertels. Auf den Straßen herrschte dank der in das Wohngebiet integrierten Läden, Cafés, Bäckereien und Schulen ein reges Treiben. Nach und nach zogen immer mehr jüdische Flüchtlinge aus Deutschland in dieses Neubaugebiet. In dem ersten Jahr der nationalsozialistischen Herrschaft waren von den etwa 50 000 Juden, die Deutschland verlassen hatten, ca. 4000 in die Niederlande gekommen.[55] Zwischen 1934 und Mitte 1938 kamen fast 25 000 weitere jüdische Flüchtlinge, obwohl die Hürden für die Einwanderung von niederländischer Seite immer höher gesetzt wurden.[56] Letztlich waren etwa ein Drittel der ca. 50 000 Bewohner der Rivierenbuurt Juden. Die Straßenbahnlinie in den Süden der Stadt hieß unter einigen alteingesessenen Amsterdamern – durchaus mit einem antisemitischen Unterton – «Orient Express», und die niederländischen Schaffner, die bei Ausrufen der Station Amsterdam-Zuid die fehlerhafte Aussprache der Flüchtlinge imitierten, gehörten noch «zu den Gutmütigsten jener, die hinter ihrer Abneigung gegenüber dem deutschen Akzent ihren Widerwillen gegenüber den Fremden verbargen»[57].

Die neue Wohnung der Franks war nach Ediths Einschätzung «ähnlich der in der Ganghofer Straße, nur viel kleiner»[58]. Aber es war ein Zuhause, aus dem man auf die Straße treten konnte, ohne SA-Männern zu begegnen, die antisemitische Losungen brüllten. Da sie die Wohnung einzurichten hatten und allerlei Formalitäten zu bewältigen waren, erschien es den Eltern Frank vorerst besser, ihre Töchter bei der Großmutter und den Onkeln zu lassen – dort waren die beiden gut aufgehoben.

Margot kam Ende Dezember 1933 aus Aachen nach Amsterdam, da sie rechtzeitig zum Ende der Weihnachtsferien in die nahe gelegene Grundschule in der Jekerstraat eingeschult werden sollte. Der schüchternen Margot fiel die Eingewöhnung in der neuen Umgebung anfangs sichtlich schwer, die fremde Sprache trug dazu bei. Beflissen, wissbegierig und ehrgeizig, gehörte Margot jedoch bald zu den Klassenbesten. Anne musste noch etwas warten, bis sie nachgeholt wurde. Wann genau und wie sie nach Amsterdam kam, ist ungewiss. Sie erinnerte sich in ihrem Tagebuch, ihrer Schwester Margot zum Geburtstag im Februar 1934 auf den Gabentisch gesetzt worden zu sein[59]; wahrscheinlich brachten ihre Onkel sie zu diesem Anlass mit dem Auto nach Amsterdam.

Edith Frank versuchte, die Kontakte nach Deutschland nicht abreißen zu lassen. Im März 1934 schrieb sie nach Frankfurt: «Seit Dezember haben wir eine kleine Wohnung in Amsterdam. Margot kam Weihnachten und Anne jetzt. Beide sind vergnügt, Anne ein kleiner Komiker.»[60]

Nach zwei Monaten endlich war ein Platz für Anne im Kindergarten der Montessori-Schule in der Nierstraat frei, unweit von Margots Grundschule. Anne brauchte mit ihrem Freiheitsdrang eine Umgebung, die ihren Neigungen und ihrem Temperament

Der Kindergarten der 6. Montessori-Schule in Amsterdam-Süd, 1935, die Anne (rechts im Kreis) und Hanneli Goslar (links im Kreis) sieben Jahre gemeinsam besuchten.

den nötigen Raum ließ. Für Margot zogen die Eltern eine herkömmliche Schule vor, auf der es auf jeden Fall deutlich liberaler zuging als auf den Regelschulen in Deutschland, zumal unter den Nazis. Edith Frank schrieb mit spürbarer Erleichterung an die Frankfurter Freunde: «Margot geht gern zur Schule und Anne mit großer Freude zum Kindergarten [...].»[61] Dort schloss Anne Freundschaft mit Hannah («Hanneli») Goslar. Als Hannah Anne im Kindergarten entdeckte (sie waren einander schon einmal kurz in einem Lebensmittelgeschäft in Begleitung ihrer Mütter begegnet), flogen sie sich in die Arme, und Frau Goslar «konnte beruhigt nach Hause gehen», denn Hannah hatte ihre «Schüchternheit abgelegt» und gleichzeitig ihre «Mutter vergessen».[62]

Auch die Familie Goslar stammte aus Deutschland. Hannahs Vater Hans Goslar war von 1919 bis zu seiner politisch motivierten Beurlaubung im Jahre 1932 Leiter der Pressestelle des Preußischen Staatsministeriums gewesen und hatte aus seiner Gegnerschaft zu den Nazis nie einen Hehl gemacht.[63] Die Hoffnung des Sozialdemokraten, dass der preußische Ministerpräsident Braun «mit Polizei und Reichsbanner gegen Adolf Hitler bzw. von Papen kämpfen werde», hatte sich nicht erfüllt.[64]

1933 bot sich Goslar die Chance zu einem beruflichen Neuanfang in England. Da er dort den Schabbat nicht als arbeitsfreien Tag einhalten konnte, kündigte er jedoch bald wieder, und die Familie zog nach Amsterdam, das lediglich als Station auf dem Weg nach Palästina gedacht war. Hans Goslar war schließlich seit Jahrzehnten überzeugter Zionist.[65] In seiner Wohnung am Merwedeplein 31 eröffnete Goslar mit seiner Frau Ruth eine Beratungsstelle für jüdische Flüchtlinge.[66] Der Bedarf an solchen Angeboten wuchs mit der Zahl der Flüchtlinge und der gleichzeitig immer restriktiveren Aufnahmepolitik der Niederlande, die einerseits die Neutralität gegenüber Deutschland wahren und andererseits einen Zustrom von weiteren, zumal mittellosen Flüchtlingen wegen der angespannten Lage auf dem Arbeitsmarkt verhindern sollte. Die Ehepaare Frank und Goslar, beide etwa gleichaltrig und durch gutbürgerliche Herkunft und gemeinsames Los verbunden, freundeten sich miteinander an.[67] Edith Frank fiel es am schwersten, sich in die neue Umgebung einzuleben. Umso wichtiger waren für sie die Treffen mit anderen Emigranten, die – im Wortsinn wie im übertragenen – ihre Sprache sprachen. Hannah erschienen Edith Frank und Ruth Goslar «wie Schwestern»[68]. Die Väter unterschieden sich in ihrem Naturell: Otto Frank zeichneten Optimismus und gute Laune aus, «wenn er hereinkam», so Hannah Goslar später rückblickend, «ging die Sonne auf». Ihr Vater hingegen war ein «Schwarzseher», der aber «letztlich Recht behalten» habe.[69]

Dennoch war Otto Franks Optimismus sicher nicht blauäugig. Eher ist zu vermuten, dass Otto Frank sich gerade im Beisein seiner Kinder und seiner ausgesprochen ängstlichen Frau Edith bemühte, allem Beunruhigenden durch «gut gelaunte» Bemerkungen die Spitze zu nehmen und ihnen trotz allem Zuversicht zu vermitteln. Sein Handeln war, wie sich später erweisen sollte, von großem Realismus geprägt.

Oft verbrachte man die jüdischen Feiertage bei Goslars, die in ihrem Haushalt die jüdischen Speisevorschriften einhielten. Am Jom Kippur, dem jüdischen Versöhnungstag, gingen Edith und Margot Frank mit dem Ehepaar Goslar in die Synagoge, während Otto Frank und Anne zu Hause blieben und das Abendessen für das Ende des Fastentags vorbereiteten. Hanneli wurde dann «immer zu Familie Frank geschickt, um dort zu essen. Dann konnte meine Mutter beruhigt in die Synagoge gehen.» Anne, stellte Hannah Goslar fest, «kam mehr auf ihren Vater heraus» und schien «überhaupt nicht religiös».[70]

Die erst 1937 eingeweihte Synagoge in der nahe gelegenen Lekstraat wurde schnell zu einem lebendigen Zentrum der liberalen Gemeinde, die sich auf Hebräisch «Bnei Teimon» – mit einer Anspielung auf die Lage im Amsterdamer Süden – die «Kinder des Südens» nannte.[71] Als Motto für dieses moderne Gebäude hatte der Architekt auf Jiddisch formuliert: «Nicht in den Golus un nicht in der Heim» – «Nicht in der Diaspora und nicht im eigenen Land».

Anne verlebte eine «ganz normale» Kindheit im Kreis ihrer Freundinnen, die rund um den Merwedeplein wohnten. Sie bildeten Cliquen und Clubs, stritten und vertrugen sich wieder, gingen in den Kindergarten, später in die Schule, aßen Eis in einem der Eiscafés und besuchten die Kindervorstellungen im Kino. Die Mädchen schwärmten für die Stars auf der Leinwand oder für die Jungen aus der Nachbarschaft. Zu Anne und Hannah gesellte sich bald Susanne «Sanne» Ledermann. *Hanneli und Sanne waren früher meine besten Freundinnen*, schrieb Anne 1942 in ihr Tagebuch, und jeder im Viertel wusste, *Anne, Hanne und Sanne* gehören zusammen.[72]

Auch Sanne Ledermann, deren ältere Schwester Barbara zur engsten Freundin von Margot wurde, war mit ihrer Familie aus Deutschland in die Niederlande gekommen, da die Mutter von dort stammte. Ihr Mann Franz, Hans Goslars Kompagnon, sprach hingegen anfangs kaum Niederländisch und musste sich die Sprache und die niederländische Anwaltszulassung binnen dreier Jahre erst mühsam erarbeiten.[73]

Im Juni 1935 feierte Anne ihren ersten Kindergeburtstag im Amsterdamer Exil – «erst im Kindergarten, in den sie jetzt auch gerne geht, und dann mit den Kindern zu Hause»[74]. Und auch der Kontakt zu den Freunden und Verwandten riss nicht ab: «Viel liebe Post aus Frankfurt, Aachen, Basel ist gekommen.»[75] Bis 1938, vielleicht sogar noch 1939, war es den Franks möglich gewesen, zu den Verwandten in die Schweiz und ins Deutsche Reich zu reisen.

Vom Kindergarten wechselte Anne in die erste Klasse der Montessori-Schule. Das Lernen fiel ihr nicht schwer, wohl aber die Konzentration, schnell verlor sie das Interesse an Dingen, deren Sinn sie nicht erkennen konnte. Anne lernte «mit viel Mühe nun lesen», wie ihre Mutter notierte («mit viel Mühe» war unterstrichen), und auch die beflissenere Margot hatte «viel Arbeit».[76]

Annes Klassenlehrer war bis zur vierten Klasse Herr van Gelder, der sich, nach dem Kriegsende zu Anne Frank befragt, gut an das Mädchen erinnerte. Sie sei kein «außerordentliches», kein Wunderkind gewesen, wohl aber «sympathisch, gesund, ein bisschen zart vielleicht», doch das habe sich später gegeben. (Im Frühjahr 1938 notierte ihre Mutter nach diversen Kinderkrankheiten und Fieberschüben: «Zum Glück ist Anne etwas kräftiger geworden.»[77]) «In manchen Dingen», so van Gelder, sei sie zwar «sehr reif, aber in anderen dafür auch wieder ganz ungewöhnlich kindlich» gewesen, und auf dieser Mischung habe ihre Anziehungskraft beruht. Auf dem gemeinsamen Schulweg erzählte Anne ihm Geschichten und Gedichte, «die sie mit ihrem Vater zusammen gemacht hatte, wenn sie spazieren gegangen waren. Es waren immer sehr lustige Geschichten.» Von ihrem Vater erzählte Anne viel, wenig dagegen über ihre Schwester oder ihre Mutter. Van Gelder beobachtete, dass sie mehr erlebte als andere Kinder: «Man kann sogar sagen, sie hörte auch mehr, auch das Lautlose, und manchmal hörte sie Dinge, von denen man fast vergessen hat, dass es sie überhaupt gibt. So etwas kommt ja bei Kindern vor. Und es ist eine Chance …» – ihr Talent.[78]

Anne war zugleich ungestüm, fordernd und zart. Sie verhielt sich damals wie viele Mädchen in ihrem Alter: Anne liebte, so Hannah später, «Geheimnisse und Schwätzen. Und sie sammelte Fotos von Filmstars, wie man sie noch an den Wänden des Anne-Frank-Hauses sehen kann»[79], aber auch Fotos von den Kindern des niederländischen und englischen Königshauses. Sie «fing an zu schreiben, und sie war bereit, jeden Spaß mitzumachen»[80]. Wo sie war, stand sie im Mittelpunkt.[81] Immerhin trug ihr vorlauter und altkluger Zug ihr neben einigen Problemen und Selbstzweifeln auch eine Reihe von Charakterisierungen ein, die sie ihre Kindheit hindurch begleiteten – ob das «Frauenzimmerchen»[82] oder die von Hannah Goslar überlieferte Einschätzung ihrer Mutter: «Gott weiß alles, aber Anne weiß alles besser.»[83]

Das Verhältnis von Anne zu ihrem Vater war sehr innig. Ihre Freundin Hannah beschrieb sie später als «schon ein bisschen verwöhnt» und als «Vatertochter», während Margot «mehr wie ihre Mutter» war.[84] Der Weitsicht ihrer Eltern verdankten Anne und Margot Frank, dass sie in allgemein unruhigen Zeiten eine relativ beschützte Kindheit und teilweise auch Jugend im niederländischen Exil verleben konnten. Während die Lebensumstände der in Deutschland verbliebenen Juden immer schwieriger und unerträglicher wurden, wuchsen die beiden Kinder recht unbekümmert auf. Im März 1938 absolvierte die Familie mit einem Hausboot die «Vier-Meren-Tour» durch das verästelte Kanalsystem, das die Niederlande durchzieht.[85] Ihre Sommerferien verbrachten die Franks in der Regel an der See. Gehörten in deutschen Seebädern die Schilder mit der Aufschrift «Juden sind hier unerwünscht!» bereits zum Alltag gewordenen Bild der Ausgrenzung und Verfolgung, verbrachten Anne und Margot ruhige Sommertage an der belgischen und niederländischen Küste.

Die Exilierten und die jüdische Gemeinschaft der Niederlande nahmen am Schicksal der deutschen Juden Anteil. Bereits im Lauf des Jahres 1933 waren erste Hilfskomitees für die deutsch-jüdischen Flüchtlinge gegründet worden, und die antijüdischen Maßnahmen der Nazis in Deutschland wurden in der niederländischen Öffentlichkeit diskutiert.[86] Vier Tage nach ihrer Verabschiedung am 15. September 1935 protestierten etwa 6500 Juden und Nichtjuden in Amsterdam gegen die «Nürnberger Gesetze».[87]

Jüdische Flüchtlinge wurden von den niederländischen Behörden ähnlich wie politische Flüchtlinge wegen des strikten Neutralitätskurses des Landes und der Sorge vor einer Destabilisierung der eigenen Gesellschaft als «unerwünschte Fremde» behandelt, sie erhielten bestenfalls äußerst kurz befristete Aufenthaltsgenehmigungen.[88] Auch die im Juli 1938 abgehaltene Konferenz verschiedener potenzieller Aufnahmeländer im französischen Evian hatte nichts daran geändert, dass die jüdischen Flüchtlinge überwiegend vor verschlossenen Türen standen. Ende 1938, nach dem Novemberpogrom, wurden nur zwischen 7000 und 8000 die Einreise in die Niederlande erlaubt, obwohl sich mehr als 40000 Juden aus dem Reich um eine Genehmigung bemüht hatten.[89] An der deutsch-niederländischen Grenze spielten sich deshalb dramatische Szenen ab. Forderungen von jüdischer Seite, mehr Flüchtlinge aufzunehmen, begegneten Regierungsvertreter mit der Bemerkung, dass es im ureigensten Interesse der niederländischen Juden sei, «nicht zu viele ausländische Juden zuzulassen, da dies den Antisemitismus befördern könne»[90].

Anfang 1939 waren die niederländischen Grenzen für Flüchtlinge faktisch geschlossen. Der Justizminister lehnte es ab, Menschen aufzunehmen, die sich nicht in Lebensgefahr befanden, die Haft in einem KZ aber bedeute keine solche Gefährdung. Bereits ein Jahr zuvor hatte er die Asylbewerber zu «unerwünschten Elementen» erklärt.[91] Im Herbst 1939 wurde nach zähen Verhandlungen zwischen jüdischen Hilfsorganisationen und der Regierung das «Zentrale Flüchtlingslager Westerbork» in der Provinz Drenthe in Betrieb genommen, für dessen Errichtung das Flüchtlingskomitee die Kosten, insgesamt etwa 1,25 Millionen Gulden, in Jahresraten von 200000 Gulden erstatten sollte.[92]

> Verhaltenskodex für deutsche Flüchtlinge. [...] Sprich kein Deutsch auf der Straße oder in öffentlichen Einrichtungen wie Restaurants usw. Ziehe nicht die Aufmerksamkeit durch lautes Sprechen oder auffällige Kleidung auf dich. Lerne und befolge die Manieren dieses Landes in gesellschaftlicher und kommerzieller Hinsicht.
>
> **Het Liberale Weekblad**

Auch in den Niederlanden gab es Antisemitismus und antijüdische Ressentiments, aber nicht als Teil einer mehrheitlich unterstützten Politik. Das «Liberale Weekblad» formulierte, die jüdischen Flüchtlinge seien den Niederländern vielleicht nicht deswegen unsympathisch, «weil sie deutsche Juden sind, sondern weil sie deutsche Juden sind»[93]. Nicht jedem war es verständlich, dass sie «immer wieder erzählten, wie es zuhause gewesen war. Dieses ‹bei uns›» wurde zuweilen «zum Stein des Anstoßes».[94]

Warum waren sie, fragten sich manche Niederländer, wenn dort doch alles so viel besser gewesen war, nicht in Deutschland geblieben?

Edith Frank hatte Deutschland nicht aus freien Stücken verlassen. Kontakte zu Niederländern blieben selten, und ihr Niederländisch, das sie mit starkem deutschem Akzent sprach [95], erlernte sie im Wesentlichen von ihren Töchtern. Margot und Anne lernten die Sprache ihrer Umgebung altersgemäß mit weniger Mühe und größtem Eifer; sie weigerten sich immer heftiger, ihre mit einem Makel behaftete Muttersprache zu sprechen. Anne machte Scherze über das Niederländisch ihrer Mutter, in ihrem Tagebuch notierte sie später: *[…] wenn du die Haspelei mal hören würdest, würdest du schallend lachen; wir achten nicht mal mehr darauf, verbessern hilft doch nicht.* [96]

Das Zuhause der Familie Frank war eine Zuflucht in unsicheren Zeiten, offen auch für Annes und Margots Freundinnen aus der Nachbarschaft. Von Zeit zu Zeit kamen Angehörige aus Deutschland, Frankreich, Großbritannien und der Schweiz zu Besuch – wohin es die Familie auch immer verschlagen hatte. «Unser Kreis wird immer kleiner; immer einsamer wird man», schrieb Ediths Tante Irma [97], und auch auf viele in ihrer Familie und unter ihren Bekannten traf der in Emigrantenkreisen verbreitete Satz zu: «Aus Enkeln werden Bilder, aus Kindern Briefe, und aus Müttern wird eine Last.» [98]

Wenn Otto Frank zu Hause war, war er ganz für seine Töchter da. Anne, Margot und ihre Freundinnen himmelten ihn an, weil er ein Gesprächspartner war, der sie ernst nahm und respektierte, aber auch Zeit und Muße fand, mit ihnen Geschichten zu erfinden. Große Gewinne erzielte sein Unternehmen nicht, und saisonale Einbrüche ließen die Zukunft zuweilen unsicher erscheinen – schließlich verkaufte sich das Geliermittel, mit dem Ottos Firma handelte, nur in der «Einmachzeit» gut, wenn es auf den Märkten frisches Obst gab, das zu Marmelade verarbeitet werden konnte. Otto Franks Verhältnis zu seinen Mitarbeitern war von Respekt und freundlicher Distanz geprägt. Zwei Österreicher arbeiteten für ihn: Victor Kugler, seit 1920 in den Niederlanden ansässig und mit der Branche besser vertraut als Otto Frank, und Hermine Santrouschitz, die mit elf Jahren kurz nach dem Weltkrieg in die Niederlanden geschickt worden war, wo kränkelnde und Hunger leidende Kinder aus Österreich und Deutschland wieder aufgepäppelt werden sollten. Hermine hatte sich als Sechzehnjährige entschieden, bei ihrer Pflegefamilie in den Niederlanden zu bleiben. «Miep», wie ihr für Niederländer unaussprechlicher Vorname verkürzt wurde, war die Seele der kleinen Firma und ein echtes Allround-Talent. Eigentlich als Aushilfe eingestellt, machte sie sich mit ihrer Vielseitigkeit bald unentbehrlich. Sie war Sekretärin, kaufmännische Fachkraft und telefonische Kundenberaterin, arbeitete die Damen ein, die über Land zogen und das Pektin an Hausfrauen verkauften, und kochte zuweilen selber zu Vorführzwecken Marmelade.

Als Miep Santrouschitz und ihr Verlobter Jan «Henk» Gies einer ersten Einladung zum Abendessen im Hause Frank folgten, war Otto Frank «zwar noch korrekt in Jackett und Krawatte, wirkte aber in der entspannten häuslichen Atmosphäre wesentlich gelöster». Edith, deren Figur «durch etliche Pfunde Übergewicht [...] massig und matronenhaft» wirkte, begrüßte die Gäste «auf ihre reservierte Art».[99] Um es Edith leichter zu machen, unterhielt man sich auf Deutsch. Überall in der Wohnung erkannte man «Anzeichen, dass sich hier alles um die Kinder drehte: Zeichnungen, Spielzeug»[100]. Bevor sie sich zu Tisch setzten, sprachen die Erwachsenen über den blutigen spanischen Bürgerkrieg – bis Anne und Margot hereingerufen wurden, dann wechselte man das Thema. Anne kannte Miep Santrouschitz bereits von deren Besuchen im väterlichen Büro, wo sie mit ihrer Freundin Hannah von Zeit zu Zeit spielte – «in jedem Zimmer des Büros gab es ein Telefon, was uns die Möglichkeit gab, unser Lieblingsspiel zu spielen: von einem Zimmer zum anderen zu telefonieren»[101]. Miep Santrouschitz erinnert sich, wie die achtjährige Anne angerannt kam, «immer noch ein wenig dünn und zart, aber die graugrünen Augen mit den grünen Sprenkeln sprühten vor Leben». Ihre Augen «lagen sehr tief, so dass sie halb geschlossen und dunkel umschattet erschienen. Die Nase hatte sie von ihrer Mutter, den Mund vom Vater, doch mit leichtem Überbiss und einer Kerbe am Kinn».[102] Anne erschien ihr wie eine «echte hollandse meid», ein «springlebendiges Etwas»[103]. Margot, der Miep Santrouschitz zum ersten Mal begegnete, war eine bildhübsche Zehnjährige, «sie hatte ebenfalls dunkles, glänzendes Haar, das beide gleich lang trugen: Bis knapp über das Ohr, Seitenscheitel, Spange». Mit ihren dunklen Augen musterte sie die Gäste schüchtern und ruhig. Beide «benahmen sich äußerst brav und wohlerzogen. Wenn Margot lächelte, wurde ihr Gesicht noch hübscher.» Miep erkannte sofort: «Margot schien Mamas Liebling zu sein, Anne dagegen Papas.» Im Lauf des Abends kam Edith Frank immer wieder wehmütig auf ihr Frankfurt, auf «eindeutig bessere deutsche Süßigkeiten» und die bessere «Qualität deutscher Konfektion» zu sprechen.[104]

Es blieb nicht bei dieser einen Einladung. Miep Gies charakterisierte ihre Beziehung zu Edith zwar als «förmlich», erfuhr aber «mit der Zeit mehr über sie, vor allem, weil Edith Frank gern in Erinnerungen kramte – an ihre glückliche Kindheit in Aachen, an ihre Hochzeit mit Otto Frank im Jahre 1925 und an ihr gemeinsames Leben in Frankfurt»[105].

Im November 1938, kurz nach der «Kristallnacht», saßen die Franks wieder mit Miep Santrouschitz und Jan Gies zusammen. Edith machte «ihrer Erbitterung über das barbarische Geschehen, das sich so nah und doch so fern abgespielt hatte, besonders wortstark Luft».

Otto Frank wirkte «ein bisschen nervös, schüttelte unentwegt den Kopf» und äußerte die Hoffnung, dass der Antisemitismus, «einem heftigen Fieberanfall vergleichbar», seinen Höhepunkt bereits überschritten habe und die Ausschreitungen sich legen würden. Otto Frank gab beschwichtigend der Hoffnung Ausdruck, dass die «anständigen Menschen» nur temporär «irregeleitet und verblendet» gewesen seien und sich auf die «stolze kulturelle Tradition» Deutschlands zurückbesinnen würden.[106]

Am Abend des 9. November 1938 hatte auf dem Spielplan des Aachener Stadttheaters «Der Troubadour» von Verdi gestanden. Nach der Vorstellung zogen die dort aus Anlass des «Gedenktags der Opfer vor der Feldherrnhalle in München» versammelten SA- und SS-Trupps durch die nächtlichen Straßen, wo sie Geschäfte jüdischer Eigentümer zerstörten, plünderten und die Synagoge in Brand setzten. Die Feuerwehr assistierte mit Ratschlägen, bis nach etwa drei Stunden die Kuppel der brennenden Synagoge in sich zusammengebrochen war. Die Ausschreitungen hielten bis in die Vormittagsstunden des 10. November an. Zu den 69 jüdischen

Die in der Pogromnacht vom 9. auf den 10. November 1938 zerstörte Aachener Synagoge

Männern, die in Aachen als so genannte Aktionsjuden verhaftet wurden, gehörte auch Edith Franks Bruder Walter Holländer, der in das Konzentrationslager Sachsenhausen verschleppt wurde.[107] Die Sorge um ihn und um andere in Deutschland verbliebene Verwandte und Bekannte war verständlicherweise groß. So sehr die Erwachsenen diese Ereignisse beschäftigten, wenn Anne und Margot hinzukamen, bemühten sich die Erwachsenen, «über angenehme, erfreuliche Dinge zu sprechen, die sich für die Ohren unschuldiger, leicht zu beeindruckender Kinder besser eigneten»[108].

Anne Franks «Wangen glühten, während sie mit ihrer hohen, atemlosen Stimme redete wie ein Wasserfall»[109]. Bei den Franks galt – anders als in den meisten Familien zu jener Zeit – nicht der Satz «Kinder bei Tisch – stumm wie ein Fisch». Anne nahm lebhaft an der Konversation der Erwachsenen teil, oder besser: Sie ließ die Erwachsenen wortreich an ihrem Leben teilhaben. Miep Santrouschitz und Jan Gies verließen das Haus nicht, ohne viele Details aus Annes Alltag erfahren zu haben.[110] Der war von den Besuchen bei ihren Freundinnen und deren Gegenbesuchen geprägt, die gelegentlich mit einer Übernachtung verbunden waren. Ausflüge in die nähere Umgebung Amsterdams und ans Meer setzten ebenso wie Kinobesuche, denen Annes besondere Leidenschaft gehörte, wiederkehrende Höhepunkte.

Die fast dreizehnjährige Margot wurde nach Miep Santrouschitz' Beobachtung «immer hübscher» und war «mehr in sich gekehrt»[111]. Bevor sich die Mädchen nach dem Essen von den Gästen verabschiedeten, um sich wieder ihren Schulaufgaben zuzuwenden, versprach ihnen Otto Frank, «später noch auf eine Geschichte zu ihnen zu kommen. Das ließ Annes Gesicht jedes Mal aufleuchten».[112]

Der Jahreswechsel 1938/39 bot zu vielen Sorgen Anlass. Seiner Mutter schrieb Otto Frank, er wisse kaum, was er ihr zum Geburtstag schreiben solle; man müsse «dankbar sein für das, was man noch hat – und darf nur hoffen! Es ist auch hier nun elend kalt und man denkt unaufhörlich an diejenigen, die nicht wie wir in der warmen Stube sitzen!»[113] Am 1. Dezember 1938 war «der Jude Walter Holländer» aus dem «Staatlichen Konzentrationslager Sachsenhausen» entlassen worden, nachdem sein Bruder Julius, der als Kriegsteilnehmer von der Verhaftung verschont geblieben war, Ausreisepapiere für die Niederlande besorgt hatte.[114] Edith Franks Mutter Rosa Stern-Holländer und ihre beiden Söhne wollten Deutschland so schnell wie möglich verlassen, wo die Lebensbedingungen für Juden immer unerträglicher geworden waren. Immer härtere Verordnungen reglementierten ihr Leben, und die Nazis nahmen das Attentat des Herschel Grynszpan auf den Botschaftsangehörigen Ernst vom Rath zum willkommenen Anlass für eine ganze Welle von Anordnungen und Verboten. Am 12. November wurde Juden der Besuch von Theatern, Kinos, Konzerten und Ausstellungen verboten, jüdische Schüler wurden von den staatlichen Schulen vertrieben, und ab dem 1. Januar 1939 mussten sie, sofern sie keine erkennbaren «jüdischen Vornamen» trugen, den zusätzlichen Vornamen Israel oder Sara führen.[115] Die

«Arisierung» so genannter jüdischer Unternehmen wurde weiter vorangetrieben, und noch im November 1938 musste auch die Aachener Handelsgesellschaft B. Holländer ihren Betrieb einstellen; Ende Januar 1939 wurde das Unternehmen aus dem Handelsregister ausgetragen. Vermögen wurde registriert, Führerscheine entzogen, erste Ausgangsbeschränkungen wurden den deutschen Juden auferlegt.[116]

Der Druck auf die jüdische Minderheit in Deutschland wuchs, und wer nur konnte, verließ das Land. Edith Franks Bruder Walter Holländer kam in die Niederlande. Monatelang musste er in einem Aufnahmelager ausharren, das er nur nach «schriftlicher Genehmigung der Polizeikommandantur» verlassen durfte. Jede Erwerbstätigkeit war ihm verboten, er musste sogar für seinen Aufenthalt im Lager selbst aufkommen.[117] Im April 1939 war es seinem Bruder Julius Holländer gelungen, über Rotterdam in die USA zu emigrieren, erst im Dezember konnte Walter ihm folgen. Ediths Mutter Rosa Stern-Holländer durfte im März 1939 zu ihrer Tochter nach Amsterdam ziehen. Währenddessen wurde das zurückgelassene Eigentum der Familie «arisiert». Auf Anforderung des Regierungspräsidiums erstellte die Stadtverwaltung ein Gutachten über den Wert des Grundbesitzes der «nichtarischen Firma B. Holländer» im Grünen Weg, der auf 138 748 Reichsmark geschätzt wurde. Für 54 000 Reichsmark, also noch deutlich unter dem Schätzwert, erwarb die Deutsche Bank, die als einzige Bieterin aufgetreten war, das Grundstück.[118]

> Unser Leben verlief mit den nötigen Aufregungen, da die übriggebliebene Familie in Deutschland nicht von Hitlers Judengesetzen verschont blieb. 1938 nach den Pogromen, flüchteten meine beiden Onkel. Brüder von Mutter, und landeten sicher in Nord-Amerika, meine alte Großmutter kam zu uns [...].
> Anne Frank, TGB, S. 222 f. (b)

Zu der Sorge um die in Deutschland zurückgebliebenen Angehörigen gesellte sich die Furcht vor einer weiteren Expansion des Dritten Reichs. Dafür hatte das Jahr 1938 mit dem «Anschluss» Österreichs im Frühjahr und der Annexion des Sudetengebiets im Herbst einigen Anlass geliefert. Am 30. Januar 1939 hatte Hitler im Reichstag gedroht: «Wenn es dem internationalen Finanzjudentum in und außerhalb Europas gelingen sollte, die Völker noch einmal in einen Weltkrieg zu stürzen, dann wird das Ergebnis nicht die Bolschewisierung der Erde und damit der Sieg des Judentums sein, sondern die Vernichtung der jüdischen Rasse in Europa.»[119] Mit dem Einmarsch deutscher Truppen in die Rest-ČSR und ins Memelgebiet im Frühjahr 1939 wuchs die Anspannung. Die Zeichen standen, wer wollte es leugnen, auf Krieg. Würden die Niederlande wieder, wie im letzten, neutral bleiben können? War das niederländische Exil sicher? Die Franks hatten zeitweilig mit dem Gedanken gespielt, nach Großbritannien weiterzuziehen. Bereits im Dezember 1937 hatte Edith Frank einem befreundeten Ehepaar geschrieben: «Ich glaube, alle deutschen Juden suchen heute die Welt ab und können nicht mehr rein. […] vielleicht ziehen auch wir weiter (was aber so unbestimmt ist, dass wir nur mit Goslars darüber sprachen).»[120] Diese Überlegungen wurden mit Rücksicht auf die Kinder nicht weiterverfolgt. Außerdem zeigten Otto Franks Geschäfte Anzeichen einer beginnenden Konsolidierung. Während Edith Frank das Heimweh nach einem Deutschland zusetzte, das es so nicht mehr gab, fühlten sich ihre Töchter in den Niederlanden zu Hause. Es gab auch wenig Anlass, sich hier unwohl zu fühlen. Die niederländischen Nazis, die sich in der «Nationaal-Socialistische Beweging» (NSB) zusammengeschlossen hatten, erzielten ihren größten Stimmenanteil im April 1935 mit acht Prozent der abgegebenen Stimmen, im Jahr 1938 war ihre Wählerschaft schon wieder halbiert.[121] Von offizieller antisemitischer Politik konnte in den Niederlanden keine Rede sein. Nicht dass es keinen Antisemitismus gegeben hätte, aber er hielt sich «in Maßen»[122]. Auch die alteingesessenen niederländischen Juden waren ursprünglich als Flüchtlinge gekommen, und es hat mehrere Generationen gedauert, bis sie ein tolerierter oder anerkannter Bestandteil der niederländischen Gesellschaft geworden waren.

Weit verbreitet war die von Miep Gies kolportierte Hoffnung, «wir würden wieder außen vor bleiben» wie im Ersten Weltkrieg.[123] Anfang April 1939 wurden die niederländischen Grenzstreitkräfte allerdings aufgrund des italienischen Angriffs auf Albanien erstmals mobilisiert, und im Mai beschloss das Parlament ein neues Kriegsgesetz. Aus diesen Tagen, vom 12. Mai 1939, stammt ein in Annes Aufzeichnungen erhalten gebliebener Brief in deutscher Sprache Otto Franks an seine Tochter. Die Zeilen zeugen von dem innigen Verhältnis zwischen Otto und Anne

Frank. «Mein liebes Annilein», beginnt der Vater, «Die Omi nannte Dich schon als Du noch klein warst: ‹Frauenzimmerchen›. Das bist Du auch geblieben. Du kleine Schmeichelkatze.» Otto beschreibt das besonders vertraute Verhältnis der beiden: «Du weißt ja, wir haben oft Geheimnisse miteinander. Ja manchmal passiert etwas, was wir dann miteinander besprechen müssen.» Anne verlange viel Aufmerksamkeit, mehr als Margot: «Ja einfach wie mit Deinem Schwesterchen geht es nicht immer, wenn auch im allgemeinen Dein lustiger Sinn, Dein liebenswürdiges Wesen Dich spielerisch über vieles hinwegtänzeln lassen.» Otto Franks Zeilen verraten etwas über seine pädagogische Maxime: Er appellierte an Annes Vernunft und Autonomie: «Oft habe ich Dir gesagt, dass Du Dich selbst erziehen musst, wir haben das ‹control› miteinander ausgemacht, und Du gibst Dir selbst viel Mühe, das ‹aber› zu schlucken. Dabei verwöhnst Du Dich doch gern und lässt Dich noch lieber verwöhnen. Das ist alles nicht schlimm, wenn Du in Deinem Herzchen so lieb bleibst wie bisher.» Annes Temperament ist dem Vater vertraut: «Ich habe Dir ja schon erzählt, dass ich als Kind auch oft unüberlegt drauf los ging und manche Dummheit gemacht habe. Dann ist die Hauptsache, dass man ein wenig nachdenkt und auf den richtigen Weg zurückfindet.» Das scheint Anne Frank nicht immer leicht gefallen zu sein; eigensinnig aber sei sie nicht, «nach ein wenig Weinen» sei «rasch das Lachen wieder da». – «Vergnügt was dran ist», zitiert Otto Frank seine Frau und schließt mit dem Wunsch: «Möge Dir dies lustige Lachen bewahrt bleiben, mit dem Du Dir, uns und anderen das Leben verschönst.»[124]

Im Juni 1939 feierte Anne mit acht Freundinnen ihren zehnten Geburtstag. Auf einem Foto posieren die neun Mädchen aus diesem Anlass auf dem Merwedeplein. Die Eltern von Lucie van Dijk, die links von Anne steht, traten 1939 der niederländischen Nazibewegung «NSB» bei, Lucie wurde Mitglied des «Jeugdstorm», der Jugendorganisation der «NSB».[125] Annes Freundinnen

Anne Frank mit acht Freundinnen auf dem Merwedeplein an ihrem 10. Geburtstag am 12. Juni 1939: Lucie van Dijk, Anne Frank, Susanne Ledermann, Juultje Ketellapper, Kitty Egyedi, Mary Bos, Letje Swillens und Martha van den Bergh

Susanne («Sanne») Ledermann und Hannah («Hanneli») Goslar waren wie Anne aus Deutschland in die Niederlande gekommen. Juliette («Juultje») Ketellapper war in Amsterdam als Tochter niederländischer Juden geboren und feierte vierzehn Tage nach Anne ihren elften Geburtstag. Außer Anne Frank starben zwei der abgebildeten Mädchen während des Holocaust – Juultje wurde knapp zwei Wochen nach ihrem 15. Geburtstag am 9. Juli 1943 im Vernichtungslager Sobibor ermordet[126], Sannes Tod im Vernichtungslager Auschwitz – ebenfalls kurz nach ihrem 15. Geburtstag – datiert auf den 19. November 1943.[127] Von Vernichtungslagern war aber vorerst noch keine Rede, von der Verfolgung der Juden im Deutschen Reich sehr wohl, und dass ein Krieg drohte, lag im Sommer 1939 gleichsam in der Luft. Truppenbewegungen wurden registriert, und auch die niederländische Öffentlichkeit reagierte mit Nervosität. Am 27. August hatte der deutsche Gesandte Königin Wilhelmina die Anerkennung der niederländischen Neutralität im Kriegsfalle zugesichert. Gemeinsame Friedensappelle und Vermittlungsangebote der niederländischen Königin und des belgischen Königs blieben unbeantwortet. Nach dem deutschen Überfall auf Polen und der Kriegserklärung Frankreichs und Englands an Deutschland hielten die Niederlande an ihrer Neutralitätspolitik fest.

Ministerpräsident De Geer wandte sich am 13. November nach einem Grenzzwischenfall im Radio an das Volk, um «weitverbreiteten Gerüchten über eine ernste Gefahr» entgegenzutreten. Bereits drei Wochen zuvor hatte die Regierung allerdings von einem deutschen Einmarschplan für den 12. November Kenntnis erhalten.

Otto Frank machte sich große Sorgen. Eine Flucht mit der ganzen Familie schien kaum mehr möglich – England und Frankreich befanden sich im Kriegszustand mit Deutschland, Schiffspassagen und Visa waren kaum mehr zu erhalten. Aber vielleicht könnte und sollte man die beiden Mädchen außer Landes bringen? Mit Edith, so schrieb er seiner Nichte Milly Stanfield, die in England lebte, konnte er darüber nicht sprechen. «Es ist sinnlos, sie zu beunruhigen, bevor dazu wirklich ein Anlass besteht.» Milly Stanfield antwortete: «Ich weiß, dass es seltsam klingt, denn wir befinden uns im Krieg, und ihr nicht. Aber schicke die Kinder zu uns, wenn Du denkst, dass das auf eine einigermaßen sichere Weise geht.» In seinem letzten Brief, der den Ärmelkanal im Frühjahr 1940 noch querte, schrieb Otto Frank, er habe mit seiner Frau über den Vorschlag gesprochen. «Wir sind beide der Ansicht, dass wir es einfach nicht tun können. Wir könnten es nicht ertragen, uns von den Mädchen zu trennen. Sie bedeuten zuviel für uns. Aber falls es Dir ein Trost ist: Ihr seid diejenigen, denen wir vertraut hätten.» [128]

Noch Anfang 1940 schenkte die niederländische Militärführung Geheimplänen für einen deutschen Einmarsch, die den Belgiern bei der Notlandung eines deutschen Flugzeugs in die Hände gefallen waren, keinen Glauben: «Es ist immer wieder dieser Nervenkrieg ...»[129] Spürten die Kinder die Sorgen der Erwachsenen? Oder gelang es Otto und Edith Frank, all das, was sie selber mit Angst erfüllte, von Anne und Margot fern zu halten? Anne schrieb später von *guten Jahren*[130]. Ihr Alltag war – fast wie in Friedenszeiten – geprägt vom Familienleben, Schulbesuch, Spaß und Streit im Kreis der Freundinnen und Freunde. Einer Freundin schrieb Anne am 4. März 1940 ein Gedicht ins Poesiealbum: *Liebe Henny, es ist, was ich Dir biete, von wenig Gewicht. Pflück' Rosen auf Erden und vergiss mich nicht.*[131] Im Freundeskreis spielte man Ball und Seilhüpfen oder saß «plaudernd auf den Stufen vor den Wohnungen, Jungen und Mädchen zusammen»[132].

Nach dem deutschen Einmarsch in Dänemark und Norwegen kündigte Ministerpräsident De Geer im April 1940 den Belagerungszustand und Maßnahmen der Pressezensur an, hielt jedoch ausdrücklich an der Neutralitätspolitik gegenüber Deutschland fest.[133] Mehrfach hatte es falschen Alarm gegeben, weil die Deutschen den längst geplanten Angriff immer wieder verschoben hatten. Der Winter war der kälteste seit elf Jahren gewesen, so kalt, dass am 30. Januar erstmals nach siebenjähriger Pause wieder die «Elfstedentocht», ein Schlittschuhrennen über die Kanäle Frieslands, durchgeführt werden konnte. Der Mai 1940 aber war sonnig und warm.

Leben unter deutscher Besatzung

Freitag, 10. Mai 1940. Die Aufregung war groß. Am frühen Morgen hatten deutsche Truppen die niederländische Grenze überschritten. Melissa Müller nimmt an, dass Otto Frank am 10. Mai – «wie an jedem normalen Tag» – ins Büro gegangen sei, um eine notwendige Routine aufrecht zu erhalten.[134] Die niederländischen Behörden hatten jedoch ein Ausgehverbot gegen «Reichsdeutsche» ausgesprochen, um Sabotageakte zu unterbinden. Diese Maßnahme traf auch die aus Deutschland geflohenen Juden. Polizisten, Bürgerwachen und Angehörigen des Luftschutzdienstes, die in den Straßen patrouillierten und Verhaftungen vornahmen, erschienen in diesen Kriegstagen alle Passanten mit einem deutschen Ausweis oder Akzent verdächtig. Und schließlich war allen Bewohnern Amsterdams – ohne förmliches Ausgehverbot – nahe gelegt worden, ihre Häuser nicht zu verlassen.[135] Jetteke Frijda, eine Schulfreundin von Margot Frank, erinnerte sich, dass die Schüler am Tag nach dem deutschen Angriff von ihren Schulen nach Hause geschickt wurden und erst nach der Kapitulation zurückkehrten.[136]

Der Abend des 10. Mai war der Beginn des Schabbat. Was für Gedanken werden den Franks, den Goslars, den Ledermanns durch den Kopf gegangen sein? Ein Wochenende der Angst im Familienkreis begann, ganz zurückgeworfen auf die eigenen vier Wände. Aus den Wohnungen drangen die Radioberichte auf die Straßen. Es waren keine guten Nachrichten, die man zu hören bekam. Schnell erlangte die deutsche Luftwaffe die Lufthoheit, die Sirenen warnten vor deutschen Flugzeugen, und Rotterdam wurde Opfer schwerer Bombardierungen, denen etwa 800 Menschen zum Opfer fielen, 80 000 wurden obdachlos. Bodentruppen überrollten die Niederlande von Osten. In den Kämpfen starben in den folgenden Tagen insgesamt etwa 2000 niederländische Soldaten und etwa die gleiche Anzahl Zivilisten. Die königliche Familie verließ das Land am 12. Mai, nur die Königin blieb einen Tag länger, um dann mit den Ministern der Regierung ebenfalls nach London zu fliehen.[137] Vielen anderen gelang die Flucht nicht. Tausende Juden, so Jacques Presser, einer der Chronisten ihrer Verfolgung, machten sich in der Hoffnung, noch eine Schiffspassage nach England zu bekommen, auf den Weg an die Küste. Viele andere, unter ihnen die Franks, warteten an ihren Wohnorten ab.[138] Wer kein Auto besaß, hatte kaum eine Chance, sich auf eigene Faust aufzumachen, die öffentlichen Verkehrsmittel hatten ihren Betrieb eingestellt, und die Straßen zur Küste waren von Autos und Fahrrädern verstopft. Diejenigen, die bis an die See vordrangen, mussten feststellen, dass dort nicht genügend Schiffe bereitlagen. Enttäuschung, Wut und Verzweiflung unter den Flüchtlingen waren groß.

Die Franks blieben in Amsterdam. Sie besaßen kein Auto – wie hätte man unter diesen Umständen zu fünft, mit der vierundsiebzigjährigen, gebrechlichen Großmutter und den zwei Töchtern, auch fliehen sollen? Und wohin? Etwa 140 000 Juden lebten zu diesem Zeitpunkt in den Niederlanden, die Mehrheit, etwa 60 Prozent, in Amsterdam. Unter ihnen waren 14 381 registrierte Flüchtlinge aus dem Deutschen Reich und dem «angeschlossenen» Österreich.[139] Sie wussten sehr genau, wovor sie geflohen waren.

Die Kapitulation kam schneller als erwartet. Bereits am Abend des 14. Mai wurden die niederländischen Nationalsozialisten, die als mögliche «Fünfte Kolonne» der Deutschen mit Einsetzen der Kriegshandlungen interniert worden waren, wieder auf freien Fuß gesetzt. Am 15. Mai kapitulierten die Niederlande. Binnen einer Woche wählten etwa 250 Niederländer den Freitod, darunter viele Juden.[140] Damals war die Rede von einer regelrechten Selbstmordepidemie, was auch gerechtfertigt erscheint, «wenn man sich bewusst macht, wie viele missglückte Selbstmordversuche es gab», und oft sah man in den folgenden Tagen Menschen mit verbundenen Handgelenken und Hälsen.[141]

> Am 9. Mai 1940 brach hier in den Niederlanden der Krieg aus, die Deutschen zogen mit ihren Armeen ein und in 5 Tagen eroberten sie die Niederlande. Krieg mit England haben sie schon ab September 1939. Nun haben sie die Niederlande, Belgien, Frankreich [,] (fast ganz) Polen, Norwegen, Dänemark, Jugoslawien, Griechenland, Rumänien, Bulgarien, Ungarn ist ein Verbündeter von Deutschland.
>
> Anne Frank, TGB, S. 222 (a)

Einmarsch der Wehrmacht in Amsterdam am 16. Mai 1940

Noch bevor die Deutschen eintrafen, glommen in den Straßen Feuer wie in Deutschland im Mai 1933. Nicht die Nazis, sondern Juden und Nichtjuden begannen, ihre Bücherschränke von Literatur zu «säubern», die den braunen Machthabern nicht genehm sein würde. Auch Franz Ledermann, der Vater von Annes Freundin Sanne, verbrannte einen Wäschekorb Bücher, die er aus Deutschland mitgebracht hatte.[142]

Die Amsterdamer Stadtverwaltung bereitete sich auf die Übergabe vor. «Wenn die Juden uns nicht sehen wollen», versprach Generalleutnant von Tiedemann vor der Einnahme Amsterdams lakonisch, «werden wir die Juden nicht sehen.»[143] Stunde um Stunde zogen Truppen – Wehrmacht und SS – durch die Straßen. Die niederländische Verwaltung sorgte gemeinsam mit den Besatzern für die «Aufrechterhaltung der Ordnung». Der Pogrom, den Gerüchte für die Zeit unmittelbar nach dem deutschen Einmarsch vorhersagten, blieb aus.[144] Alles blieb ruhig, alles ging seinen geregelten Gang. Vorerst jedenfalls. Die ersten antijüdischen Maßnahmen der deutschen Besatzungsmacht im Juli und September 1940 zielten auf die Ausgrenzung der Juden aus den niederländischen Luftschutzverbänden und dem öffentlichen Dienst; dessen Angestellte und Beamte mussten eine «Ariererklärung» abgeben. Im November 1940 folgte die Entlassung der jüdischen Beamten und Lehrer. Hinter dem anfangs behutsamen Vorgehen der Besatzungsmacht stand Kalkül: «Die Angst ebbte auch wieder ab, da die deutschen Besatzer in den ersten zwei Jahren wenig taten», die Verfolgung, so Miep Gies, «fing ganz langsam an», um die Menschen in falscher Sicherheit zu wiegen.[145]

> Nach Mai 1940 ging es bergab mit den guten Zeiten, erst der Krieg, die Kapitulation, Einmarsch der Deutschen und das Elend für uns Juden begann. Judengesetz folgte auf Judengesetz und unsere Freiheit wurde sehr beschränkt, aber es ist noch auszuhalten, trotz Stern, getrennten Schulen, um [Tintenfleck] Uhr zu Hause sein usw. usw.
>
> Anne Frank, TGB, S. 222 f. (b)

Anne und Margot Frank lebten ein Stück beschützter Kindheit und Jugend rund um den Merwedeplein. Nachdem Annes Sympathie *schon im Kindergarten [...] auf Sally Kimmel gefallen* war, brach nun über sie gleich eine *echte*[146] oder sogar *dreifache Kinderverliebtheit*[147] herein. Mit dem drei Jahre älteren Peter Schiff, einem *Bild von einem Jungen, groß, hübsch, schlank, mit einem ernsten, ruhigen und intelligenten Gesicht*[148], war sie *einen Sommer lang [...] unzertrennlich.* Sie holten einander von der Schule ab und Anne *war oft bei ihm zu Hause.*[149] Im selben Sommer 1940 stand einem Ausflug der Familie an die Nordsee bei Zandvoort noch nichts im Wege. Als Anne nach Amsterdam zurückkehrte, hatte Peter sein Interesse an ihr verloren, obwohl sie *das nicht einsehen wollte* und an ihrer Zuneigung zu ihm festhielt, *bis der Tag kam, an dem ich begriff, dass wenn ich ihm noch länger hinterherlief, ich noch als mannstoll verschrien wurde.*[150] Mit dem Abstand von drei Jahren schrieb sie im Januar 1944 in ihr Tagebuch: *Die Jahre gingen vorbei, Peter verkehrte mit Mädchen seines eigenen Alters und grüßte mich bald schon nicht mehr, aber ich konnte ihn nicht vergessen.*[151]

43

Im Herbst 1940 wurde von den deutschen Besatzern die Ausweispflicht für alle Niederländer ab dem 14. Lebensjahr eingeführt. Zur selben Zeit erschienen an den Eingängen von mehr und mehr Cafés und Restaurants Schilder mit der Aufschrift «Joden niet gewenscht» – «Juden unerwünscht».[152] Ab dem 9. Januar wurde der Verband der Kinobesitzer angewiesen, Juden den Zutritt zu verwehren.[153] Am 10. Januar 1941 ordneten die deutschen Besatzungsbehörden eine eigene Meldepflicht für «alle Personen ganz oder teilweise jüdischen Blutes» an; die Betroffenen mussten für ihre Registrierung einen Gulden zahlen und erhielten eine gelbe Kennkarte, die sie stets bei sich führen mussten.[154] Ende 1941 wurde in einer weiteren Verordnung bestimmt, dass Ausweise von Juden mit einem «J» markiert werden sollten; im Bevölkerungsregister wurden die Einträge von Juden ebenfalls mit einem «J» versehen, so genannte Mischlinge erhielten ein «B» für «Bastard», das später durch ein «G» für «gemengd» («gemischt») ersetzt wurde. Ende Januar 1941 wurde der im September 1940 im Reich angelaufene antisemitische Propagandafilm «Jud Süß» dem niederländischen Publikum zur Einstimmung auf die geplante Eskalation der Verfolgung präsentiert.[155] Zur selben Zeit begann nämlich die mit der deutschen SA vergleichbare «Weerbaarheidsafdeling» (WA) der niederländischen nationalsozialistischen Bewegung (NSB) mit einer massiven antisemitischen Kampagne. WA-Angehörige zogen durch Amsterdams Straßen und demonstrierten ihr neu gewonnenes Selbstbewusstsein. In

Besatzungsregime
Königin Wilhelmina verließ die Niederlande am 13. Mai 1940 gemeinsam mit dem Kabinett und ging ins britische Exil. Die Regierungsverantwortung wurde von den Staatssekretären der Regierung übernommen. Nach der Kapitulation stellten die deutschen Besatzer die Niederlande kurzzeitig unter Militärverwaltung, die bereits am 25. Mai 1940 durch eine deutsche Zivilverwaltung unter dem aus Österreich stammenden Reichskommissar Arthur Seyß-Inquart und vier deutschen Generalkommissaren abgelöst wurde. Die deutsche Besatzungsmacht bediente sich dabei der intakt gebliebenen niederländischen Verwaltung, der die Ausführung der deutschen Anordnungen oblag. Auch bei der Ausgrenzung und Verfolgung der Juden, für die der ebenfalls aus Österreich stammende Höhere SS- und Polizeiführer Hanns Rauter verantwortlich zeichnete, konnten die Deutschen auf niederländische Unterstützung in der Bürokratie, den Polizeikräften und sogar in Teilen der Bevölkerung rechnen.

Cafés und Hotels versuchten sie – teilweise mit Erfolg –, weitere Schilder mit der Aufschrift «Juden unerwünscht» anzubringen, oder sie prügelten jüdische Passanten aus der Straßenbahn heraus. In den Straßen herrschte offene Gewalt, und es kam zuweilen sogar zu Auseinandersetzungen zwischen WA-Gruppen und niederländischen Polizisten, die versuchten, die öffentliche Ordnung wieder herzustellen. Teilweise wurden die WA-Trupps von der deutschen Polizei unterstützt, und die niederländischen Polizeikräfte erhielten den Befehl, die niederländischen Nazis vor ihren Landsleuten zu beschützen. Unruhige Tage waren dies, insbesondere im Zentrum Amsterdams.[156] Gezielt suchten die Nazis die Opfer für ihre weiteren Übergriffe in den ärmeren niederländisch-jüdischen Bewohnern des so genannten Judenviertels um den Waterlooplein. Die massiven und gewaltsamen, von den deutschen Besatzern nicht nur geduldeten, sondern offen unterstützten Übergriffe zogen sich hin und führten zu verzweifelter Gegenwehr. Am Abend des 12. Februar überfielen Nazis ein von einem deutsch-jüdischen

Razzia auf dem Jonas Daniel Meijerplein am 22. Februar 1941

Emigranten gefuhrtes Café. Die Gäste schlugen zurück, und eine Schlägerei mit vielen Verletzten entbrannte. Dort entstand aus der Not die Idee, Widerstand zu organisieren, Geld für Waffen und Taschenlampen zu sammeln und sich künftig zur Wehr zu setzen. Diese Aktivitäten blieben der deutschen Polizei nicht verborgen. Erbarmungslos wurde gegen die Gruppe vorgegangen. Die deutschen Besatzer nahmen die Ausschreitungen als Vorwand für ihre Razzien im «Judenviertel», das von der deutschen Polizei hermetisch abgeriegelt wurde. Am 22. und 23. Februar 1941 wurden mehr als 400 Juden festgenommen und in der Folge in das Konzentrationslager Mauthausen deportiert. Das harte Vorgehen der deutschen Besatzer führte zu einer Solidarisierung in der nichtjüdischen Bevölkerung, dem so genannten Februar-Streik, der am 25. in Amsterdam und in einigen benachbarten Städten seinen Anfang nahm und sich am folgenden Tag weiter ausbreitete, um zehn Uhr abends aber fuhren in Amsterdam wieder die Straßenbahnen. Der Widerstand bröckelte angesichts massiver Drohungen der deutschen Besatzer ab, und am 27. Februar fand der Streik sein Ende.[157] Auf die Tage breiter Solidarität folgte die Ernüchterung: Die Deutschen hielten an ihren antijüdischen Maßnahmen fest, verstärkten sogar den Druck. Nur kurz nach den Razzien kündeten Anzeigen vom Tod der in die deutschen Lager deportierten niederländischen Juden, die, wie der «Generalkommissar für das Sicherheitswesen», der SS-Obergruppenführer Hanns Rauter in einem Gespräch erklärte, in Mauthausen «wie die Fliegen im Herbst» starben.[158]

Wij ontvingen heden het droeve bericht, dat onze geliefde Zoon, Broeder en Kleinzoon

ARNOLD HEILBUT,

in den leeftijd van 18 jaar, in Duitschland is overleden.

Amsterdam, 2 Juli 1941.
Z. Amstellaan 89.

H. M. HEILBUT.
F. HEILBUT—CARO
en familie.

Heden ontvingen wij bericht, dat in Duitschland op 25 Juni is overleden onze innig geliefde Zoon, Broeder en Zwager

AB. LOPES DE LEAÓ LAGUNA,

in den leeftijd van 24 jaar.
Namens de familie:

B. LOPES DE LEAÓ
LAGUNA.
Verzoeke geen bezoek.
Smaragdstraat 25 I Z.

Met diep leedwezen geven wij kennis, dat onze inniggeliefde eenige Zoon

PAUL JACOBUS LEO,

in den ouderdom van 27 jaar, 25 Juni in Duitschland overleden.

I. HEIMANS JR.
J. B. HEIMANS—
VAN GELDER
Amsterdam, 1 Juli 1941.
Watteaustraat 5.

Liever geen rouwbeklag.

Einige Monate nach den Razzien erschienen die ersten Todesanzeigen für die in die deutschen Lager deportierten niederländischen Juden.

Im Februar 1941 richteten die deutschen Besatzungsbehörden den «Joodse Raad» ein. Mit der Gründung dieses «Jüdischen Rats» sollte der Zugriff auf die jüdische Minderheit erleichtert werden. Seine Zuständigkeit bezog sich nur auf die Gemeinde Amsterdam, wurde aber im Oktober 1941 auf das ganze Land ausgedehnt. Zeitweilig arbeiteten bis zu 17 000 Personen in seinen Diensten. Er gab das «Joodsche Weekblad» («Jüdisches Wochenblatt») heraus, das ab April 1941 erschien und wegen der Veröffentlichung der stets neuen antijüdischen Maßnahmen und Verordnungen Pflichtlektüre für die bedrängten Juden war, damit sie wussten, was ihnen alles verboten war. Auch in den weiteren Schritten zur Ausgrenzung der Juden griffen die deutschen Besatzungsbehörden auf ihre im Reich und in Polen gesammelten Erfahrungen zurück. Ab März 1941 wurde Juden erst auf lokaler Ebene und dann bald landesweit der Zugang zu Hotels, Restaurants, Cafés, Kinos, Theatern, öffentlichen Bibliotheken, Versammlungslokalen und Schwimmbädern verboten, Schilder mit der Aufschrift «Voor Joden verboden» wurden Pflicht.[159] Am 11. Juni 1941, einen Tag vor Annes zwölftem

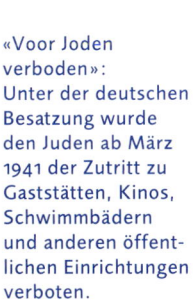

«Voor Joden verboden»: Unter der deutschen Besatzung wurde den Juden ab März 1941 der Zutritt zu Gaststätten, Kinos, Schwimmbädern und anderen öffentlichen Einrichtungen verboten.

Geburtstag, wurden im Rahmen einer Razzia etwa dreihundert junge jüdische Männer festgenommen. Den Vorwand lieferte die Detonation eines Sprengsatzes in einem deutschen Offizierskasino, kaum einen Kilometer Luftlinie vom Merwedeplein entfernt. In dem offiziellen Pressebericht vom 13. Juni heißt es, dass die Untersuchungen der Sicherheitspolizei ergeben hätten, «dass die Verantwortung für den verbrecherischen Anschlag bei den in Amsterdam-Zuid wohnenden Juden, insbesondere bei den aus Deutschland hierhin gekommenen jüdischen Emigranten, liegt, die seit Monaten eine systematische und fortwährend zunehmende anti-deutsche Aktivität entwickeln».[160] Auch Freunde der Franks wurden bei einer Razzia in nächster Umgebung verhaftet. sie «kamen weg», wie sich Otto Frank später erinnerte, «und nach acht Tagen kam der Bericht des Todes. Also, man wusste ganz genau: Die Leute werden umgebracht»[161]. Trotz oder gerade wegen der sich so zur Gewissheit verdichtenden düsteren Vorahnungen taten Otto und Edith Frank in diesen Tagen alles, um ihren Töchtern ein annähernd «normales» Leben zu ermöglichen. Da die Großmutter Rosa Holländer wegen ihrer Krebserkrankung im Krankenhaus war, musste Annes Geburtstagsfeier zwar um einige Tage verlegt werden, aber es wurde gefeiert. Anne hatte *eine Menge Geld, 2,50 Gulden von Oma bekommen, einen Atlas von Vater, ein Fahrrad von Mutter, eine neue Schultasche, einen Badeanzug und noch andere Sachen*[162]. Margot hatte ihr Schreibpapier geschenkt, das sie gleich mit einem Brief an ihre Großmutter in Basel einweihte, außerdem *Süßigkeiten und andere kleine Geschenke*[163]. Noch immer gab es das seltsam anmutende Nebeneinander von einer scheinbaren, nur mühsam aufrechterhaltenen «Normalität» mit den Verfolgungen, die nun auch in der engsten Umgebung der Franks Tote forderten. Ihrer in die Schweiz geflohenen Großmutter berichtete Anne unterdessen von einem geplanten Sommeraufenthalt im Ferienlager, wohin sie mit ihrer Freundin Sanne fahren sollte, und von einem Ausflug, den sie *mit Sanne, Hanneli und einem Jungen* unternommen hatte.[164] Die Schattenseiten des Lebens unter deutscher Besatzung blieben natürlich auch Anne nicht verborgen, da die antijüdischen Maßnahmen auch ihren Alltag zunehmend bestimmten. Es war Sommer, und Anne schrieb an ihre Großmutter: *Wir haben kaum noch Gelegenheit, uns bräunen zu lassen, weil wir nicht mehr ins Schwimmbad gehen dürfen. Das ist schade, aber es lässt sich nicht ändern.*[165] Noch waren immerhin kleinere Ausflüge mit ihren Freundinnen und Freunden möglich, wovon beispielsweise eine Karte zeugt, die sie im Juni ihrer Großmutter mit Grüßen schickte.[166] Im selben Monat dann fuhren Anne und Sanne ins Ferienlager, im Juli reisten ihre Eltern und Schwester Margot hinterher.

Am 16. Juli war Familie Frank wieder in Amsterdam. An diesem Tag heirateten Miep Santrouschitz und Jan Gies. Anne, die, so Miep Gies später, «ausgesprochen erwachsen in ihrem Prinzesskleid» wirkte, begleitete ihren Vater und ließ seine Hand kaum los.[167] Anne zeigte sich von dem Ereignis noch bei dem am Tag darauf von Otto Frank ausgerichteten Empfang für die Brautleute sehr beeindruckt.[168]

Zum Beginn des neuen Schuljahres im August 1941 wurde den jüdischen Kindern und Jugendlichen in den Niederlanden der Besuch öffentlicher Schulen untersagt.[169] Mit Anne mussten siebenundachtzig jüdische Kinder die Montessori-Schule verlassen,

Am 16. Juli 1941 heirateten Miep und Jan Gies. Otto und Anne Frank (Mitte) zusammen mit anderen Hochzeitsgästen

allein in Annes Klasse waren es zwanzig.[170] «In der ersten Zeit haben wir sie noch oft wiedergesehen», erinnerte sich die Schulleiterin und Klassenlehrerin Annes später, «aber dann trugen sie plötzlich alle die Sterne, und dann sahen wir sie überhaupt nicht mehr, und nach dem Krieg sind nur zwanzig zurückgekommen. Zwanzig von siebenundachtzig.»[171] Anne Frank fiel der erzwungene Weggang besonders von ihrer Klassenlehrerin schwer, und im Tagebuch notierte sie später: *[…] wir nahmen einen herzergreifenden Abschied am Ende des Schuljahres und weinten alle zwei.*[172] Immerhin gelang es der jüdischen Gemeinschaft bis Anfang 1942, für 1200 Kinder Kindergartenplätze und 111 Schulen mit fast 758 Lehrern für insgesamt etwa 14500 jüdische Schüler und Schülerinnen bereitzustellen.

Bereits auf dem ersten Heimweg vom Jüdischen Lyzeum, das Anne ab Oktober 1941 besuchte, schloss sie Freundschaft mit einer Klassenkameradin, Jacqueline van Maarsen. Als Anne feststellte, dass beide den gleichen Heimweg hatten, sagte sie bestimmt: «Dann können wir in Zukunft immer zusammen nach Hause fahren.»[173] Anne nahm Jacqueline «sofort mit nach Hause» und stellte ihre neue Freundin der Familie, Katze inbegriffen, vor.[174] Anne «redete ununterbrochen» und «ihr Eifer und die Art», wie sie mit Jacqueline Freundschaft geschlossen hatte, gefielen auch der neuen Freundin.[175] Eifersüchtig wachte Anne, die Jacqueline kurzerhand zur «besten» Freundin erklärte, fortan über diese Freundschaft. Sie konnte «sehr böse werden», wenn sie die Ausschließlichkeit der Freundschaft bedroht sah, «sie fand, das sei Verrat an unserer Freundschaft».[176] Anne Frank gelang es in der Regel schnell, Anschluss zu finden. Von ihren Freundinnen verlangte sie allerdings absolute Loyalität. Mit ihrem manchmal fast ungestümen Temperament wurde sie rasch der Mittelpunkt jeder Gruppe, beanspruchte allerdings diesen Status auch mit einiger Absolutheit für sich. Margots Freundin Laureen Klein beschrieb später, wie sie Anne im Kreis ihrer Freundinnen auf dem Weg zur Schule begegnete: «Anne und ihr Gefolge stiegen in die Straßenbahn, und ich dachte immer: Was ist sie lebhaft. Sie war ohne Zweifel der Mittelpunkt und redete wie ein Wasserfall.»[177]

Miep Gies hatte bereits beobachtet, dass sich Anne «zu dem am meisten extrovertierten Familienmitglied» entwickelt hatte, «sie sprach offen über alles, was ihr gerade einfiel»[178] – neuerdings gehörten «zu ihren vielfältigen Interessen» auch Jungen: «In ihr Geplauder ließ sie jetzt immer wieder Bemerkungen über bestimmte jugendliche Vertreter des anderen Geschlechts einfließen.»[179] Mit einem Schuss Überheblichkeit oder zumindest äußerst gesundem Selbstbewusstsein schrieb Anne 1944 über ihren Wechsel ans Jüdische Lyzeum im Jahre 1941: *fast alle Jungen verliebten sich in mich, ich fand das schön, war geehrt, aber es berührte mich nicht weiter.*[180]

Anfang 1942 starb Edith Franks Mutter, deren Zustand sich seit dem Sommer zuvor kontinuierlich verschlechtert hatte. Anne schrieb ein halbes Jahr später in ihr Tagebuch, niemand wisse, *wie viel ich an sie denke und sie noch lieb habe*[181].

Zug um Zug verschärften die deutschen Besatzer ihre antijüdischen Maßnahmen in den Niederlanden. Anne selber war eine genaue Chronistin, wenn sie später eine Maßnahme um die andere in ihrem Tagebuch aufführte, von der Einführung des «Judensterns» über das Verbot all dessen, was Spaß macht – Theater, Kino, Sport –, bis hin zu Ausgangssperren und allen Maßnahmen, die der gesellschaftlichen Isolation der Juden dienten – *so ging ihr Leben weiter und sie durften dies nicht und das nicht.*

> Nun da die Deutschen hier das Zepter schwangen, hat für uns das Unglück begonnen, erst kam die Zuteilung und alles musste auf Marken gekauft werden, dann kamen in den zwei Jahren die sie jetzt hier sind, lauter Judengesetze. […] Jacque[line] sagte immer zu mir: Ich traue mich nichts mehr zu machen, denn ich habe Angst, dass es nicht erlaubt ist.
>
> Anne Frank, TGB, S. 222 f. (a)

Unmittelbar nach dem deutschen Einmarsch in Polen hatten die Deutschen dort Ende 1939 die Kennzeichnungspflicht für Juden eingeführt.[182] Auf den zweiten Jahrestag des Kriegsbeginns, den 1. September 1941, datiert eine entsprechende Polizeiverordnung für das Reich[183], und nur etwas mehr als ein halbes Jahr später wurde der «Judenstern» auch in den besetzten Niederlanden eingeführt.[184] Der handtellergroße Stern mit der Aufschrift «Jood» musste links auf Brusthöhe an den Kleidungsstücken befestigt und überall in der Öffentlichkeit getragen werden. Als den Vorsitzenden des «Joodse Raad» am 29. April 1942 die neue Verordnung zur Kenntnis gebracht wurde, erklärte Abraham Asscher gegenüber den Deutschen noch hoffnungsvoll: «Es wird nicht lange dauern, ein-zwei Monate, bis der Krieg abgelaufen ist, und wir sind frei!»[185]

Die deutschen Besatzer hatten versucht, die niederländische Gesellschaft propagandistisch auf die Verschärfung der antisemitischen Verfolgungen einzustimmen. Seit dem Herbst 1941 lief der Film «Der ewige Jude» in den Kinos Amsterdams. Eine Zeitzeugin erinnert sich, dass sie und ihre Mitschüler anfangs über den Film lachten; am nächsten Tag aber sagte jemand: «Weißt du, das war ein abscheulicher Film, einfach ordinär, und ich glaube auch nicht ein Wort davon, aber er hat es geschafft, uns in die und wir zu spalten. Mir wäre lieber, er hätte das nicht geschafft, aber nun schaue ich mir die Leute an und sage: Aha, du bist ein Jude.»[186]

Am Freitag dem 12. Juni 1942 war Anne *schon um sechs Uhr wach,* und das war *sehr begreiflich,* erklärt sie in ihrem Tagebuch, da sie *Geburtstag hatte.*[187] Bis Viertel vor sieben bezwang sie ihre Neugierde, dann *ging es nicht länger, ich ging ins Esszimmer, wo ich von Moortje (der Katze) mit Purzelbäumen begrüßt wurde*[188]. *Um kurz nach sieben* ging sie zu ihren Eltern *und dann ins Wohnzimmer,* um ihre Geschenke auszupacken, und zuallererst entdeckte sie ihr Tagebuch – *wahrscheinlich eines von meinen schönsten Geschenken.*[189] Noch war für niemanden absehbar, welche Rolle dieses Buch in ihrem kurzen Leben darüber hinaus spielen sollte, auch wenn Anne, datiert auf den 12. Juni, mit noch ungelenker Handschrift auf das Vorblatt schrieb: *Ich werde hoffe ich dir alles anvertrauen können, wie ich es noch an niemand gekonnt habe, und ich hoffe dass du eine große Stütze für mich sein wirst.*[190] Mit diesem Geschenk erfüllen Otto und Edith Frank ihrer Tochter offenbar einen Herzenswunsch, auch wenn es keine wirkliche Überraschung war, denn Anne war schon beim Kauf dabei gewesen.[191] Zwei Motive mögen Otto Frank zu diesem Geschenk bewegt haben: Seiner ungestümen Tochter hatte er bereits in einem Brief vom Mai 1939 geschrieben, dass es bei Konflikten darauf ankomme, «dass man ein wenig nachdenkt und auf den richtigen Weg zurückfindet»[192]. Ein Tagebuch konnte Anne einerseits den nötigen Raum geben nachzudenken, zu sich selbst zu finden. Sie konnte dort ihre Empfindungen zu Papier bringen, ihre Gedanken ordnen. Das Tagebuch sollte ihr andererseits eine

Vertraute werden, und dies sollte in der Isolation des Verstecks immer wichtiger werden. Dass sie, wenn nötig, untertauchen würden, war für Otto bereits beschlossene Sache. Im Frühjahr 1942 hatte er erste Vorbereitungen getroffen. Ein Freund Victor Kuglers hatte im Hinterhaus von Otto Franks Firma an der Prinsengracht Salben herstellen dürfen. Otto Frank unterrichtete ihn, man benötige die Räume fortan für Lagerzwecke.[193] Er hatte begriffen, «dass die Zeit kommen würde, in der wir uns verstecken mussten, um der Gefahr der Deportation zu entgehen». Mit Hermann van Pels kam er zu dem Schluss, «dass es die beste Lösung sein werde, sich im Hinterhaus unseres Bürogebäudes zu verbergen»[194]. Wann es ins Versteck gehen würde, war an jenem 12. Juni 1942 noch nicht klar. Dass sie sich nicht alleine mit ihren Töchtern im Hinterhaus verstecken würden, wussten Edith und Otto Frank bereits, den Kindern wurde aber das ganze Vorhaben verheimlicht. Das Ehepaar Frank hatte sich entschieden, gemeinsam mit Hermann und Auguste van Pels sowie deren Sohn Peter unterzutauchen. Die dreiköpfige Familie war im Sommer 1937 aus Osnabrück nach Amsterdam geflohen und gehörte seit längerem zum Bekanntenkreis der Franks, und Hermann van Pels war in Ottos Firma für Gewürze zuständig.[195]

Vorerst jedoch blieben die Seiten in Anne Franks Tagebuch Beschreibungen ihres Alltags vorbehalten. Nachdem Anne all ihre Geschenke in Augenschein genommen hatte, darunter auch Drops und Blumen von *Frau Pfeffer* und eine Tafel Milchschokolade von Peter van Pels – *so bin ich richtig verwöhnt worden*[196] –, ging sie mit Hanneli in die Schule, wo Anne in der Pause *Lehrer und Schüler mit Butterkeksen* bewirtete, *und dann wieder an die Arbeit.*[197] Am Nachmittag besuchten sie ihre Freundinnen Sanne, Hanneli, Jacqueline und Ilse Wagner. Dann kam das Wochenende, und am Sonntagnachmittag gab es im Haus Frank eine private Filmvorführung für Anne und ihre Freundinnen, denen als jüdischen Kindern der Zutritt zum Kino verwehrt war. Otto und Edith Frank versuchten – wie andere jüdische Eltern auch – einen Ausgleich zu schaffen und unter anormalen Umständen etwas Normalität zu bewahren. Daher stellte Otto Frank nicht nur zu Geburtstagen ein Filmvorführgerät seiner Firma, mit dem sonst Werbefilme für Geliermittel gezeigt wurden, für private Vorstellungen zur Verfügung. Der Film «Rin-tin-tin», der auf dem Programm stand, gefiel ihren Klassenkameraden, wie Anne stolz notierte, *sehr gut*[198].

In der Schule waren die jüdischen Kinder nun gezwungenermaßen unter sich, da ihnen der Besuch allgemeiner Schulen verboten war. Auch die Nachmittage verbrachte Anne Frank überwiegend im Kreis ihrer Schulfreundinnen und in ihrem «Club», den sie mit ihren Freundinnen Sanne (Vorsitzende), Jacqueline (Sekretärin), Hanneli und Ilse gegründet hatte.[199] Ihr Bewegungsraum war eingeschränkt, Sportvereine jenseits der jüdischen Einrichtungen standen ihnen ebenso wenig offen wie Schwimmbäder oder andere Vergnügungsorte. Die Eltern der Kinder taten, was sie konnten, um sie diese Enge nicht allzu sehr spüren zu lassen. Annes Freundin Ilse hatte ein Tischtennisspiel, *und das große Esszimmer der Wagners* stand den Mädchen *immer zur Verfügung*[200], dort trafen sie sich zu ihren kleinen Turnieren. Anschließend ging es zum Eisessen – wobei auch hier die Auswahl beschränkt war, es mussten jene Eiscafés sein, *die Juden erlaubt sind*[201]. Das waren die Konditorei «Delphi» am Daniel Willinkplein (nach der Befreiung wurde der Platz in Victorieplein umbenannt) und die Eisdiele «Oase» in der Geleenstraat, beide in unmittelbarer Nähe des Merwedeplein.[202] Dort flirteten die Mädchen mit ihren «Verehrern». Nach ihren Portemonnaies mussten sie schon gar nicht mehr suchen, da dort *unter all den Leuten schon einige großzügige Herren aus unserem ausgedehnten Bekanntenkreis oder der eine oder andere Verehrer zu finden* waren, die den Freundinnen mehr Eis zu spendieren bereit waren, als sie *in einer Woche essen können*.[203] Anne genoss nicht nur, im Mittelpunkt ihrer Freundinnen zu stehen, sondern auch die wachsende Aufmerksamkeit der Jungen. Sie testete noch unbeholfen ihre Wirkung und gewann in dem sechzehnjährigen Hello Silberberg einen Freund, der zwar schon eine feste Freundin hatte. Auch wenn alle Welt davon ausging, dass sie in Hello verliebt sei, war das *bestimmt nicht wahr*, obwohl sie sich als *seine Freundin* bezeichnete.[204] Hello stammte aus Gelsenkirchen und lebte bei seinen Großeltern. Seine Eltern waren in Belgien, und für ihn gab *es keine Möglichkeit, auch dorthin zu kommen*[205]. Noch ernster war es Anne mit Peter Schiff, mit dem sie im Sommer 1940 unzertrennlich gewesen war. Ihn wollte sie am ehesten heiraten, was sie auf die Fragen ihrer Mutter hin *ohne mit der Wimper zu zucken* leugnete. Ihn aber hatte sie *so gern wie [...] noch nie jemanden* zuvor und redete sich ein, *dass Peter nur um seine Gefühle zu verbergen mit all diesen Mädchen geht,* weil er vielleicht dachte, dass sie und Hello ein Paar seien – dabei war Hello für Anne nur *ein Freund oder wie Mutter es ausdrückt ein Kavalier.*[206]

In ihren Tagebucheintragungen vom 15. und 16. Juni 1942 stellte Anne ihre Klassenkameraden vor. Mit wenigen Worten charakterisierte sie erst die Mädchen, dann die Jungen. Über Hanneli Goslar heißt es da, sie sei *ein bisschen eigenartig, meistens schüchtern und zu Hause sehr frech, aber bei anderen sehr bescheiden.* Allerdings tratsche sie alles an ihre Mutter weiter. Anne schätzte sie dennoch wegen ihrer offenen Meinung.[207] Jacqueline van Maarsen galt als ihre beste Freundin, *aber eine wirkliche Freundin* habe sie *noch nie gehabt,* und auch wenn sie von Jacqueline gedacht habe, *dass sie es werden würde,* sei das letztlich *ziemlich schief gegangen.*[208] Anne Frank legte erkennbar strenge Maßstäbe an ihre Freundinnen und Klassenkameraden – einige Charakterisierungen der Mädchen, die sie nicht so gerne mochte, sind so krass, dass in der wissenschaftlichen Ausgabe ihres Tagebuchs die Namen auf Wunsch der Betroffenen unkenntlich gemacht wurden.[209] Die Jungen kamen bei Anne besser weg, obwohl sie oder vielleicht gerade weil sie feststellt: *Über die Jungen ist viel, aber auch wenig zu sagen.*[210] Anne erkannte in einigen ihre Verehrer, wobei Sally sie offenbar faszinierte; er galt zwar als *ein schrecklich schweinischer Junge, und das Gerücht geht über ihn herum,* schrieb sie etwas unbeholfen, *dass er gepaart hat. Trotzdem halte ich ihn für einen tollen Jungen, denn er ist sehr witzig.*[211] *Grappig,* also *witzig* zu sein, war eine Qualität, die bei der dreizehnjährigen Anne hoch im Kurs stand. Stille Jungen hatten es da schwerer. Immerhin, ihr Mitschüler Harry war *noch der anständigste Junge aus unserer Klasse,* bekam aber als weitere Charakterisierung nur ein lapidares *er ist nett,* und Werner, wiewohl ebenfalls anständig und nett, galt ihr als still *und wirkt dadurch langweilig.*[212]

Die «unanständigen» Jungen genossen, ob witzig oder nicht, mehr Aufmerksamkeit der sehr impulsiven Tagebuchschreiberin. Annes erwachendes Interesse am anderen Geschlecht ging mit einem durchaus starken Selbstbewusstsein einher. Bereits in ihrer auf den 20. Juni 1942 datierten Eintragung zu den Besuchen der

Eiscafés nahm sie an, dass ihr imaginäres Gegenüber sicher *ein bisschen erstaunt [...] über die Tatsache* sei, dass ausgerechnet sie, zumal als *Jüngste vom Club, über Verehrer spreche.*[213] Noch hin und her gerissen fügte Anne hinzu: *Leider, oder in einigen Fällen auch wieder nicht leider, dieses Übel scheint auf unserer Schule nicht zu vermeiden zu sein.*[214] Die Dreizehnjährige konnte sich ihrer Verehrer kaum erwehren, die *die lästige Angewohnheit* hatten, *sofort in Feuer und Flamme zu geraten* und Anne *nicht mehr aus den Augen* lassen. Da Anne sich *aus feurigen Blicken nicht viel mach[t]e und lustig weiterrad[e]l[t]e,* lege sich die Verliebtheit aber in der Regel wieder nach einiger Zeit.[215] Allerdings wusste sich Anne auch zu behelfen, wenn es ihr *manchmal zu bunt* wurde. Ihre Methode: Sie sorgte dafür, dass ihre Tasche zu Boden ging, *der junge Mann muss anstandshalber absteigen, und nachdem [er] die Tasche wieder abgeliefert hat, habe ich längst wieder ein anderes Gesprächsthema angeknüpft.* Schwieriger war es da mit den Kecken, *die Kusshändchen* schickten *oder sich eines Arms [...] zu bemächtigen* versuchten. *Aber da* waren *sie bestimmt an der falschen Adresse,* dafür war Anne ganz Dame: *[...] ich steige ab und weigere mich weiter seine Gesellschaft in Anspruch zunehmen, oder ich bin angeblich beleidigt und sage ihm klipp und klar, dass er nach Hause gehen kann.*[216] Gleichzeitig wuchs ihre Neugier dafür, «was die sexuellen Beziehungen zwischen Mann und Frau anging», wie sich Jacqueline später erinnerte. Anne «horchte ihren Vater darüber aus». Otto Frank erfand offenbar «hin und wieder Ausreden», die Anne für bare Münze nahm, die Jacqueline aber durchschaute. So übernahm sie es, Anne «einigermaßen aufzuklären», weil ihr ihre ältere Schwester «schon ein paar Jahre zuvor das Notwendigste erklärt hatte».[217] *Eltern und Menschen im allgemeinen,* stellte Anne später in ihrem Tagebuch fest, *sind bei diesem Thema sehr eigenartig.* Statt die Kinder aufzuklären, würden diese mit ihrer Neugier allein gelassen. *Ich für mich,* so Anne aufgeklärt, *finde es für einen Mann überhaupt nicht schlimm, wenn er ein bisschen Erfahrung mit in die Ehe bringt, und damit hat die Ehe selbst dann doch nichts zu tun.*[218] Die Aufklärungsversuche ihrer Eltern erschienen Anne zu zaghaft; mit elf Jahren sei sie über die Menstruation aufgeklärt worden, *woher diese Sache kam oder was für eine Bedeutung das hatte, wusste ich noch lange nicht.* Später erfuhr sie das Wesentliche von Jacqueline, die *lange nicht so blöd war* wie Anne. *Wie Mann und*

Frau zusammen leben, hatte Anne bereits geahnt, auch wenn sie diese Vorstellung *am Anfang [...] schon sehr verrückt* gefunden hatte, *aber als Jacque es mir bestätigte, war ich schon ein bisschen stolz auf meine Intuition.* Im Zweifelsfall half Jacqueline mit klugen Sätzen wie «Wo das Erzeugnis hineingeht, kommt es vollendet auch wieder heraus»[219].

Miep Gies schien es so, «als ob das schreckliche Geschehen in der Außenwelt» Annes «innere Entwicklung [...] beschleunigte», «als ob Anne es plötzlich eilig hätte, alles zu wissen und zu erleben». Noch vor dem Untertauchen wirkte das zarte und lebhafte Mädchen von knapp zwölf Jahren «innerlich ihrem Alter weit voraus».[220] Zugleich bestimmte aber eben auch dieses schreckliche Geschehen zusehends den Alltag und die Gespräche – Anne jedenfalls wusste «über sämtliche Vorgänge [...] genauestens Bescheid und empörte sich», wie Miep Gies sich erinnert, «über das Unrecht, das dem jüdischen Volk im Übermaß angetan wurde»[221].

Am 24. Juni 1942 hatte der deutsche Generalkommissar eine Verordnung über die «Sicherstellung von Fahrrädern in jüdischem Besitz» erlassen – die Fahrräder wurden von den deutschen Besatzern konfisziert. Dieser 24. Juni war *glühend heiß, jeder schnauft und brät,* und Anne musste *in dieser Hitze [...] zu Fuß gehen.* Sie notierte in ihrem Tagebuch: *Jetzt sehe ich erst, wie angenehm eine Straßenbahn doch ist, vor allem eine offene, aber dieser Genuss ist uns Juden nicht länger beschieden, für uns ist Schusters Rappen gut genug.* Annes Fahrrad war gestohlen worden, und Edith Franks hatte Otto Nichtjuden in Verwahrung gegeben. *An den Holländern,* bemerkte Anne, *liegt es wirklich nicht, dass wir Juden es so schlecht haben.*[222] Bereits am 6. Juli meldete die Zeitung «De Telegraaf» unter dem Titel «Jüdische Fahrradschwindler», dass einige Juden, die die Verordnung übertreten hatten und ihre Fahrräder verkauft oder gegen etwas anderes eingetauscht hatten, «festgenommen und in ein Konzentrationslager überführt» worden waren.

In diesen Sommertagen fand Anne in Hello Silberberg einen Verehrer, der seine Freundin Ursula Löwenbach sitzen ließ und gegen den ausdrücklichen Wunsch seiner Großeltern Annes Nähe suchte – «*Liebe lässt sich nun mal nicht zwingen*»[223] zitierte die Dreizehnjährige den drei Jahre Älteren. Fast genüsslich notierte Anne die Beweise seiner Zuneigung und resümierte: *Man kann an allem merken, dass Hello in mich verliebt ist, und das finde ich zur Abwechs-lung ganz schön.*[224]

Anne lebte in einer bewusst jüdischen Umwelt, in der das Judentum vielleicht gerade durch Anfeindungen und Verfolgung an neuer Bedeutung gewonnen hatte. Ihr Freund Hello hatte sich – wieder gegen den Willen seiner Großeltern – bei den Zionisten engagiert, Annes Eltern feierten den Beginn des Schabbat mit ihren Freunden, und manchmal, wie am Samstag, dem 27. Juni 1942, folgte auch Anne dem Gottesdienst *morgens in der Synagoge*[225].

Am ersten Juliwochenende des Jahres 1942 war Anne mit Hello verabredet. Den Samstag hatte sie mit Freunden in der «Oase» verbracht. Der Sonntag begann beschaulich. Vermutlich widmete sie sich zuallererst ihrem Tagebuch, da sie die vergangene Woche noch einmal Revue passieren ließ. Sie notierte, dass die schulische Versetzungsfeier, die in der «Hollandse Schouwburg», einem späteren Sammelort für die Deportation der Juden, stattfand, *nach Wunsch verlaufen* sei. Erleichtert stellte sie fest, dass ihr Zeugnis *gar nicht so schlecht* sei[226], während das Zeugnis ihrer Schwester Margot *ausgezeichnet wie immer* ausgefallen war – *wenn es cum laude bei uns gäbe, wäre sie sicher mit Auszeichnung versetzt worden, so ein kluges Köpfchen!*[227] Einen Teil dieses Morgens verbrachte sie mit Hello, der sie besuchte, *in der Sonne auf unserem Balkon*[228]. Dass sie in Hellos Gegenwart ihr Tagebuch schrieb, ist unwahrscheinlich. Denn noch hatte sie nicht vor, *dieses kartonierte Heft, das den hoch-trabenden Namen «Tagebuch» trägt, jemals jemandem zu lesen zu geben, es sei denn, sie bekäme noch irgendwann in meinem Leben einen Freund oder [eine] Freundin, der dann «der» Freund oder [«die»] Freundin ist*[229]. Ob Hello dieser Freund sein würde, war sich Anne noch nicht sicher, auch wenn sie am 1. Juli geschrieben hatte: *Hello und ich haben uns in dieser Woche gut kennengelernt.*[230] Er verließ sie über Mittag, sollte aber am Nachmittag wiederkommen. Er kam, hatte aber keine Gelegenheit mehr, Anne zu sehen. Nie wieder.

UNTERTAUCHEN

Als wir vor ein paar Tagen um unseren Platz spazierten, fing Vater an, über Verstecken zu sprechen, er redete darüber, dass es sehr schwer für uns sein wird, ganz und gar abgeschnitten von der Welt zu leben. Ich fragte, warum er jetzt schon darüber sprach.[231]

Blick in die Kamera: Anne Frank auf dem Balkon der Wohnung am Merwedeplein, Mai 1941

Der erste Zug mit jüdischen Deportierten von Amsterdam in das Durchgangslager Westerbork verließ den Hauptbahnhof in der Nacht vom 14. zum 15. Juli 1942 um 2.16 Uhr. Am 15. und 16. Juli gingen die ersten beiden Transporte mit 1137 und 586 Personen von Westerbork nach Auschwitz[232], für den 17. Juli verzeichnet die polnische Historikerin Danuta Czech die Ankunft von insgesamt 2000 niederländischen Juden aus den Lagern Westerbork und Amersfoort, davon 1303 Männer und Jungen sowie 697 Frauen. 1251 Männer und 300 Frauen wurden nach der Selektion ins Lager aufgenommen, die übrigen 449 Deportierten wurden sofort vergast.[233]

Am Sonntag, dem 5. Juli 1942, waren die ersten tausend Aufrufe zum «Arbeitseinsatz» von der «Zentralstelle für Jüdische Aus-

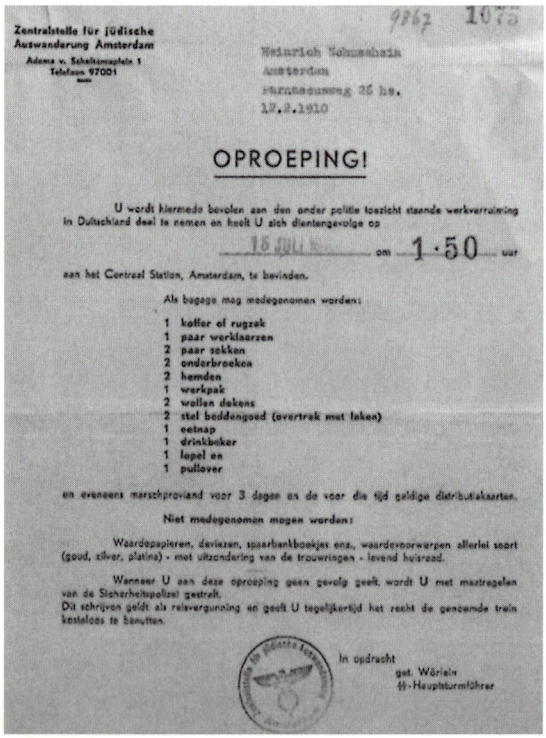

Aufruf zum «Arbeitseinsatz» in Deutschland. Margot Frank gehörte zu den ersten Juden, die am 5. Juli 1942 aufgefordert wurden, sich bei der «Zentralstelle für Jüdische Auswanderung» zu melden. Was als Gepäck mitgenommen werden durfte, wurde mit Stückzahlen aufgelistet.

wanderung» verschickt worden. Auf den Listen befanden sich keine Personen, die älter als vierzig Jahre waren; die deutsche «Zentralstelle» hatte sich jedoch nicht an die Zusage gehalten, bei den Deportationen keine Familien zu zerreißen. Eine ganze Reihe von Jugendlichen zwischen vierzehn und achtzehn Jahren waren ohne ihre Eltern «aufgerufen» worden.[234] Die Listen wurden dem «Jüdischen Rat» zur weiteren Bearbeitung und zum Versand übergeben, damit dort möglicherweise erfasste Mitarbeiter nach Rücksprache mit den deutschen Behörden gestrichen werden konnten.[235]

An jenem 5. Juli 1942 klingelte es gegen 15 Uhr an der Tür der Familie Frank. Anne Franks Biographinnen sind sich uneins, ob ein Polizist oder ein Postbote das Einschreiben überbrachte, das Edith Frank in Empfang nahm.[236] Es enthielt den Aufruf für Margot zum «Arbeitseinsatz» in Deutschland – sie sollte sich am nächsten Tag bei der «Zentralstelle» am Scheltemaplein melden, um dann von dort nach Westerbork nahe der deutschen Grenze gebracht zu werden. Edith Frank sprach als Erstes mit Margot – Otto Frank war außer Haus. Wieder bieten die Biographinnen zwei voneinander abweichende Versionen. Erklärte Edith Frank Margot, der Vater sei aufgerufen worden, um die Töchter nicht zu beunruhigen, oder hatte Edith Frank Margot die Wahrheit gesagt und darauf gedrungen, Anne in dem Glauben zu lassen, dass der Aufruf dem Vater galt?[237] Annes erste Notiz darüber vom 8. Juli 1942 ist selber widersprüchlich: *[…] ungefähr 3 Uhr kam ein Polizist zu Mutter, der rief unten in der Tür, Frl. Margot Frank, Mutter ging hinunter und erhielt von dem Agent eine Karte, auf der stand dass Margot Frank sich bei der SS melden müsste.* Edith Frank lief zur Familie van Pels, und Hermann van Pels begleitete sie nach Hause. Nachdem Anne gesagt wurde, *dass Papa aufgerufen war*, verschloss Edith Frank die Tür *und niemand durfte mehr in unsere Wohnung.* Dann heißt es aber auch, dass Edith Frank Anne erklärte, Margot würde dem Aufruf nicht folgen und *dass wir am nächsten Tag alle weggehen würden.*[238] Monate später hat Anne den Eintrag für die von ihr für die Zeit nach der Befreiung beabsichtigte Veröffentlichung ihres Tagebuchs dramaturgisch leicht überarbeitet: Da sie *faul in einem Liegestuhl auf der Veranda in der Sonne* gelegen und gelesen habe, habe sie nicht gehört, wie es gegen drei geklingelt hatte. «*Es ist ein Aufruf von der SS für Vater gekommen*», habe Margot ihr kurz darauf aufgeregt zugeraunt, *«Mutter ist schon zu Herrn van Pels gegangen.»* Anne *erschrak schrecklich, ein Aufruf, jeder weiß, was das bedeutet, Konzentrationslager und einsame Zellen sah ich schon im Geist auftauchen, und dahin sollten wir Vater ziehen lassen müssen.* Natürlich werde er dem Befehl nicht folgen, hatte Margot ihr versichert.[239] Als Edith Frank in Begleitung von Herrn van Pels zurückgekehrt war, wurden die Töchter gleich wieder auf ihr Zimmer geschickt, und dort offenbarte Margot ihrer jüngeren Schwester, dass der Aufruf nicht Otto Frank, sondern ihr selber galt. Anne erschrak und fing an zu weinen. *Margot ist 16,* schoss es ihr durch den Kopf, *solche jungen Mädchen wollen sie also alleine wegschicken,* und sie begriff, dass die Worte ihres Vaters über das Verstecken nun einen sehr realen Inhalt annahmen.[240]

Anne hatte offenbar gewusst, dass die Eltern *schon seit mehr als einem Jahr Kleider, Lebensmittel und Möbel zu anderen Leuten* gebracht hatten, um ihr Eigentum *nicht in die Hände der Deutschen fallen [zu] lassen.* Und *noch viel weniger* wollte die Familie – in den Worten Otto Franks – *selbst geschnappt werden.* Deshalb wollten sie, wie Otto Frank Anne kurz zuvor erklärt hatte, *«von uns aus weggehen und nicht warten, bis wir geholt werden».* – *«Mach du dir mal keine Sorgen darüber»,* hatte er sie aufzumuntern versucht, *«das regeln wir schon, genieße dein unbeschwertes Leben, solange du es genießen kannst.»*[241]

697 jüdische Frauen folgten dem Aufruf und wurden nach Auschwitz deportiert. Mehr als die Hälfte von ihnen überlebte bereits die erste Selektion am 17. Juli nicht. Margot Frank war in Amsterdam geblieben.

Der Abend des ersten Sonntags im Juli 1942 war ein warmer Sommerabend. Jan und Miep Gies erschraken, «als es beharrlich an der Haustür klingelte», Jan Gies eilte zur Tür, Miep folgte. Vor ihnen stand Hermann van Pels, «völlig aufgelöst». «Kommen Sie sofort», drängte van Pels die beiden mit beschwörendem Unterton.[242] Da der Aufruf überraschend gekommen und die Vorbereitungen für das Untertauchen noch nicht abgeschlossen waren, galt es, einige im Versteck benötigte Dinge unauffällig in die Prinsengracht zu schaffen.[243] Erst kurz zuvor hatte Otto Frank Miep Gies in den Plan eingeweiht, im Hinterhaus des Kontorhauses in der Prinsengracht «unterzutauchen», und sie um ihre Hilfe gebeten. Er hatte sie in sein Privatkontor gerufen und ihr eröffnet, dass

Juden auf dem Amsterdamer Bahnhof Muiderpoort
vor ihrer Deportation am 25. Mai 1943

er sich mit Edith, Margot und Anne zu gegebener Zeit in den leer stehenden Räumen des Hinterhauses verstecken wollte. Miep Gies wusste zwar von den Räumen, hatte sie aber noch nie betreten. Otto Frank vertraute ihr, sie kannte Edith Frank und die Kinder, insbesondere Anne hatte sie ins Herz geschlossen, und für ihren Chef empfand sie Hochachtung und Respekt. Angesichts der sich verschärfenden antisemitischen Maßnahmen der deutschen Besatzungsbehörden war beiden deutlich, dass bereits in der Mitwisserschaft ein erhebliches Risiko für Miep Gies bestand. Ihre Antwort auf die Frage, ob sie bereit wäre, die Verantwortung für die Versorgung der Untergetauchten zu übernehmen, war spontan: «Selbstverständlich.» [244] Bis dahin hatte nur Johannes Kleiman von dem Vorhaben gewusst, «nicht einmal Margot und Anne sind bisher eingeweiht», erklärte Otto, nun wollte er beginnen, auch die wenigen anderen anzusprechen, auf deren Hilfe er setzte. [245] Miep Gies stellte keine weiteren Fragen. Durch ihren im

Widerstand engagierten Mann wusste sie: «Je weniger ich wusste, desto weniger konnte ich in einem Verhör aussagen.»[246] Was sie wissen müsste, sollte er ihr später erzählen.

Der Aufruf zum «Arbeitseinsatz» für Margot machte deutlich, dass die deutschen Behörden bereit waren, Familien zu trennen. Die Verfolgung der Juden erhielt eine neue Qualität, ohne dass man zweifelsfrei wusste, wofür «Arbeitseinsatz» stand. Ja, es hatte die alltägliche Schikane, zeitweise pogromartige Ausschreitungen der niederländischen Nazis und der deutschen Polizei gegeben, Todesfälle waren aus den deutschen Konzentrationslagern bekannt geworden. Böse Vorahnungen trieben die Betroffenen in die Verzweiflung – oder aber, wie die Franks, in die Illegalität des Verstecks. Otto Franks vorausschauender Besonnenheit war es zu danken, dass für diesen Fall und im Rahmen des Möglichen Vorbereitungen getroffen waren.

In der Frank'schen Wohnung herrschte «an Panik grenzende Verzweiflung, die sie zur Eile antrieb», «in Annes weit aufgerissenen Augen stand teils Aufregung, teils entsetzliche Angst»[247]. Schließlich wusste Anne nicht einmal, wo das Versteck lag, in das sie aufbrechen sollten: *Verstecken, wo sollten wir uns verstecken? In der Stadt, auf dem Land, in einem Haus, in einer Hütte, wann, wie, wo?*[248] Und gerade in dieser Ausnahmesituation war es besonders wichtig, den Überblick zu bewahren, keinen Fehler zu machen, Spuren zu verwischen und falsche Spuren zu legen. Der Untermieter der Franks durfte nichts bemerken – «jeder bemühte sich, normal zu erscheinen, weder zu laufen noch die Stimme zu erheben»[249]. Otto und Edith Frank hatten – von den Kindern unbemerkt – *schon lange eine Menge von Sachen aus der Wohnung gebracht*[250], nun mussten in Windeseile weitere Bündel geschnürt werden. Anne und Margot packten *das Nötigste in eine Schultasche*, und das Erste, was Anne hineinstopfte, war ihr Tagebuch, den *verrücktesten Unsinn*, aber es tat ihr *nicht leid*, denn sie machte sich *mehr aus Erinnerungen als aus Kleidern.*[251] Den unauffälligen Transport der Dinge übernahmen Miep und Jan Gies, die gegen elf, halb zwölf nachts die Frank'sche Wohnung mit der letzten Fuhre verließen.[252]

Am nächsten Morgen regnete es in Strömen, als Miep Gies in der Hunzestraat, keine fünf Minuten vom Merwedeplein, aufbrach, um Margot mit ihrem Fahrrad abzuholen. Kurz vor halb acht machten sie und Annes Schwester sich dann gemeinsam auf den Weg. Der Regen bot Schutz, da nur wenige Passanten unterwegs waren, die Verdacht hatten schopfen können, weil schon Miep Gies auf den ersten Blick sah, «dass Margot etliche Sachen übereinander angezogen hatte». Miep Gies hoffte, dass der Regen auch die deutsche Polizei in ihren Quartieren hielt, was sich als richtig herausstellte. Mit Bedacht hatte sie eine Route über verkehrsreiche Straßen, sogar über den belebten Dam und die Raadhuisstraat gewählt, wo man nicht so schnell die Aufmerksamkeit auf sich zog.[253] Sobald sie ihre Fahrräder bestiegen hatten, waren sie gleich in mehrfacher Weise zu Gesetzesbrecherinnen geworden. Margot hatte ihr Fahrrad nicht den deutschen Anordnungen entsprechend abgegeben. Sie hatte außerdem den vorgeschriebenen gelben Stern von der Kleidung abgetrennt und war der Aufforderung für den Sammeltransport nach Westerbork nicht gefolgt. Miep Gies hätte bei einer Festnahme eine Strafe wegen «Judenbegünstigung» riskiert. In der Prinsengracht angekommen, schloss sie hastig die Eingangstür hinter sich, schob Margot schnell in das Hinterhaus, schloss die Zwischentür hinter ihr, öffnete eilig wieder die Vordertür und setzte sich an ihren Schreibtisch, damit die anderen Angestellten, die bald eintreffen würden, keinen Verdacht schöpften. Unruhig wartete sie auf die Ankunft der anderen drei Franks.

Anne verließ das Haus am Merwedeplein mit ihren Eltern zwischen halb und Viertel vor acht[254] *in strömendem Regen, Vater, Mutter und ich, jeder mit einer Schul- und Einkaufstasche, bis obenhin vollgestopft*[255]. Ihrem Untermieter hatten die Franks einen Zettel hinterlassen. Ihre Betten und den Frühstückstisch hinterließen sie so, dass der Eindruck einer überstürzten Flucht entstehen sollte. So sehr Anne der Abschied schmerzte, *weg wollten wir, nur weg, sicher ankommen, sonst nichts*[256]. Auch sie trugen mehrere Schichten Kleidung übereinander, *um noch einige Kleidungsstücke mitzunehmen. Kein Jude in unserer Lage hätte es gewagt, mit einem Koffer voller Kleider auszugehen.*[257] Sie fuhren nicht mit der Straßenbahn, die Juden verboten war, sondern gingen den langen Weg zu Fuß. *Die Arbeiter, die früh zu ihrer Arbeit gingen, schauten* ihnen *mitleidig nach; auf ihrem Gesicht war deutlich das Bedauern zu sehen, dass sie uns keinerlei Fahrzeug anbieten konnten,* denn *der auffallende gelbe Stern sprach für sich*

selbst.[258] Da sie anders als Margot zu Fuß gehen mussten, konnten sie die Judensterne
nicht vorher entfernen, denn ihr Weg führte
sie durch eine Umgebung, in der sie als Juden bekannt waren. Sie mussten alles vermeiden, was Aufsehen erregt oder Fragen
aufgeworfen hätte. Am späten Vormittag
endlich trafen Otto, Edith und Anne Frank
in der Prinsengracht ein. Durch die geöffne-
te Tür schaute Otto Frank herein und nickte
Miep Gies kurz zu. Nun mussten die Franks
schnell und von den nicht eingeweihten
Mitarbeitern unbemerkt ins Hinterhaus gebracht werden. Miep Gies führte die vom Regen Tropfnassen hastig über die schmalen
Treppen vom Erdgeschoss hinauf in den ersten Stock, wo sich der Übergang zum Hinterhaus befand. Noch immer trugen sie auf der
Brust den gelben Stern.[259]

Im Hinterhaus

Anne, Edith und Otto Frank betraten das
Hinterhaus, in dem Margot schon auf sie
wartete, und sie wussten nicht, wann und
unter welchen Umständen sie es wieder verlassen würden. Sie waren nicht wirklich in
Sicherheit, doch zählte jetzt erst einmal, dort
angekommen zu sein. Für die vier Untergetauchten begann die Illegalität des Verstecks: Hier aufgespürt zu werden, bedeutete
die Festnahme, und, so viel wussten sie, eine
drakonische Strafe, vielleicht Gefängnis,
vielleicht die Deportation in eines der deutschen Konzentrationslager. Wer konnte zu
diesem Zeitpunkt mit Sicherheit sagen, was
sich hinter dem «Arbeitseinsatz» verbarg, zu
dem Margot aufgerufen worden war? Anne
schreibt erst in der Überarbeitung ihrer Ein-

Die Prinsengracht. Das Hinterhaus ist in der Bildmitte
zu erkennen, davor, im Hinterhof, steht die große Kastanie,
die Anne in ihrem Tagebuch mehrfach erwähnt.
Foto von 1950

träge, mit der sie 1943 begonnen hatte: *[...] ein Aufruf, jeder weiß, was das bedeutet, Konzentrationslager und einsame Zellen sah ich schon im Geist auftauchen.*[260] Aber wenn schon «jüdische Fahrradschwind-ler» ins KZ kamen, wie der «Telegraaf» am 6. Juli 1942 meldete ...

Als sie die Tür zwischen Vorder- und Hinterhaus hinter sich geschlossen hatten, standen sie in einem kleinen Raum, von dem geradeaus und rechts je eine Tür abgingen, rechter Hand führte eine Treppe ein Stockwerk höher. Hinter der Tür rechts verbarg sich ein Badezimmer, und hinter der Tür geradeaus lagen zwei Zimmer, in denen die Familie Frank unterkommen sollte. Im Stockwerk darüber gab es ein größeres Zimmer mit einem Herd, der zum Kochen benutzt werden konnte, sowie ein kleineres Zim-mer und einen Zugang zum Dachboden. Miep Gies betrat das Hinterhaus an jenem Montag zum ersten Mal, «nachmittags, als niemand in der Nähe war und völlige Ruhe herrschte»[261], als auch keiner der nicht eingeweihten Mitarbeiter der Firma etwas mitbe-kommen konnte. Noch war der Übergang zum Hinterhaus nicht von dem Aktenschrank verdeckt, den Jan Voskuijl, der Vater der

Das Wohn- und Schlafzimmer von Otto und Edith Frank.
Rechts die Tür zu Annes und Margots Zimmer. Die Vorhänge an den Fenstern waren Tag und Nacht geschlossen.

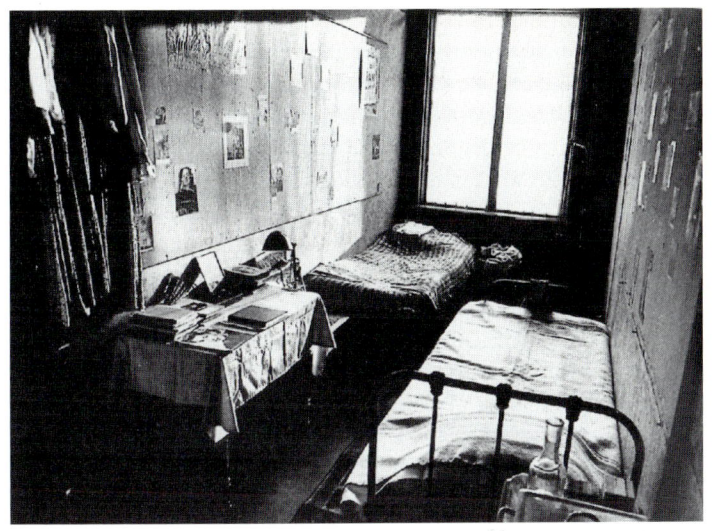

Anne und Margot Franks Zimmer. Anne schmückte den kargen Raum mit Fotos von Filmstars. Zustand nach dem Krieg, als der Raum nach Angaben von Otto Frank und Miep Gies eingerichtet worden war.

Sekretärin Bep Voskuijl, auf Wunsch der Untergetauchten im August 1942 zimmerte und dort so montierte, dass er sich wie eine Geheimtür öffnen und schließen ließ.

In den Räumen herrschte ein unbeschreibliches Durcheinander von «Säcken, Beuteln, Kisten, Schachteln, Möbelstücken, Berge von allen möglichen Sachen». Alle diese Dinge waren in den Monaten zuvor nachts oder an Sonntagen, wenn das Büro geschlossen war, herangeschafft worden.[262] Edith Frank und Margot reagierten auf das Nachlassen der akuten Anspannung mit «völliger Apathie. Sie wirkten verloren, bewegungsunfähig, am Ende», während Anne und Otto Frank versuchten, das Durcheinander zu ordnen, sie «schoben, schleppten, räumten die Sachen hin und her».[263] *Wenn wir abends in gemachten Betten schlafen wollten*, schrieb Anne später, *mussten wir uns sofort daranmachen, um den Kram aufzuräumen*, Otto Frank und Anne – *die beiden Aufräumer in der Familie* – *packten den ganzen Tag hindurch.*[264] Zeit für ihr Tagebuch und dafür, sich *mal richtig klarzumachen*, was mit ihr und den anderen eigentlich *passiert war und was noch passieren würde,* fand Anne erst am folgenden Mittwoch, denn am Dienstagmorgen blieb ihnen nur, dort anzufangen, wo sie am Montag aufgehört hatten. Bep Voskuijl und Miep Gies übernahmen die ersten Einkäufe mit den Lebensmittelkarten der Franks, und Otto *reparierte die unzureichende Verdunklung,* die Aufräumarbeiten beschäftigten sie *wieder von morgens bis abends.* Zeit, *über die große Veränderung, die in mein Leben gekommen war, nachzudenken,* hatte Anne deshalb vorher kaum finden können.[265] In ihrem Tagebucheintrag vom 8. Juli schilderte sie die Ereignisse des vergangenen Sonntags und Montags, erwähnte aber auch, dass Hermann van Pels das Gerücht aufgeschnappt hatte, Otto Frank hätte mit seiner Familie dank eines befreundeten deutschen Offiziers nach Belgien fliehen können, worüber sich die Eingeschlossenen amüsierten.[266] Auch Miep und Jan Gies bekamen diese Fluchtgeschichte von dem Untermieter der Franks erzählt. Otto Frank hatte sie gebeten, die Wohnung am Merwedeplein aufzusuchen, um herauszufinden, ob man nach den Franks suchte. «Herr Frank hat sich in letzter Zeit nicht im Büro sehen lassen. Wir haben uns seinetwegen Sorgen gemacht. Ist er wohlauf?»[267], hatten sie mit Unschuldsmiene gefragt, worauf Herr Goldschmidt vom Verschwinden der Familie berichtete und einen Zettel mit einer Maastrichter Adresse hervorholte, den er gefunden hatte. Otto Frank wollte den Eindruck erwecken, sie seien dorthin gefahren, und Goldschmidt mutmaßte, dass die Franks zu ihren Verwandten in die Schweiz geflohen seien, eben mit Hilfe eines alten Freundes aus der Militärzeit. «Einer erzählte sogar, jemand hätte die ganze Familie in einen großen Wagen steigen sehen. Mit Sicherheit weiß es niemand!»[268] Eine Nachbarsfamilie hatte die Franks um vier Uhr in der Frühe *auf dem Fahrrad vorbeikommen sehen und eine andere Frau wusste sicher,* dass sie *mitten in der Nacht in ein Militärauto geladen wurden*[269]. Die beabsichtigte Täuschung war also geglückt. Auch Annes Freundinnen Jacqueline van Maarsen und Hannah Goslar erinnerten sich später daran, dass das Gerücht umging, die Familie sei in die Schweiz geflohen.[270] Am Sonntag hatte Jacqueline noch mit Anne telefoniert, «aber nichts hatte darauf hingewiesen, dass sie am nächsten Tag verschwunden sein würde»[271]. In einem Brief, den Anne im September 1942 an Jacqueline geschrieben, aber natürlich nie abgeschickt hatte, erklärte sie: *Als du mich am Sonntag-*

nachmittag anriefst, konnte ich dir nichts sagen, denn das durfte ich nicht von Mutter aus, das ganze Haus stand da schon auf dem Kopf, und die Haustür war abgeschlossen. Hello – um dessentwillen ihre Freundin Anne aufgezogen hatte – *sollte kommen, aber es wurde nicht aufgemacht.*[272]

In diesen Julitagen spielte in den Amsterdamer Kinos Alhambra und Roxy «Quax der Bruchpilot» und (angeblich wegen der großen Nachfrage) Veit Harlans antisemitischer Propagandafilm «Jud Süß» im Rembrandt (Zugang ab achtzehn Jahren, täglich mittags um halb zwei, Viertel vor vier und Viertel vor acht, sonntags durchgehend von halb eins an …).[273] Auch dieses Mal zeigten die deutschen Besatzer den Film, wenn sie ihre antijüdischen Maßnahmen verschärften.

Den Erwachsenen, Annes Eltern und den Helfern der Familie, war die Gefahr bewusst, die von außen drohte. Aber auch Anne ahnte das. Im Untergrund zu leben, hier, in der Mitte der Stadt, barg viele Gefahren, alles, was zur Entdeckung führen konnte,

Otto Frank mit den Helfern, die im Büro im Vorderhaus arbeiteten: Miep Gies, Johannes Kleiman, Otto Frank, Victor Kugler und Bep Voskuijl (v. l.)

musste vermieden werden. Miep Gies, Bep Voskuijl und Johannes Kleiman saßen zusammen in einem Büro im Vorderhaus mit Blick auf die Prinsengracht. Sie zwangen sich, tagsüber möglichst nicht allzu viel an die im Hinterhaus Versteckten zu denken, nach innen wie nach außen mussten sie alles so normal wie möglich erscheinen lassen, um keinen Verdacht zu erwecken.[274]

Die Zeitungslektüre verlor ihre Unschuld, da die Besatzer ihre Sanktionen gegen Juden und deren Helfer keineswegs verborgen hielten. Am 9. Juli berichtete der «Telegraaf» auf Seite 2 über die Verhaftung des Filialleiters eines Lebensmittelgeschäfts, der «Hamstervorräte» für jüdische Kunden angelegt hatte. Lebensmittel für die Versteckten zu organisieren war angesichts der Rationierung und des Lebensmittelkartensystems schwierig und sollte immer schwieriger werden, je knapper die Güter des täglichen Bedarfs in den Kriegsjahren wurden. Auch wenn sie mit Hilfe des Widerstands gefälschte Lebensmittelkarten bekamen und Händler fanden, die «schwarz» verkauften, durften die größeren Einkäufe nicht auffallen, oder man musste sich auf die Verschwiegenheit der Händler verlassen können. Miep Gies besorgte Gemüse und Fleisch, Bep Voskuijl Brot und Milch. Das Gemüse kaufte Miep bei Henk van Hoeven, der seinen Laden um die Ecke in der Leliegracht hatte. Van Hoeven, der selber einer Widerstandsgruppe angehörte und zwei Juden versteckt hielt, hatte die Situation schnell durchschaut und lieferte seine Kartoffeln in der Mittagspause aus, damit die Lagerarbeiter im Haus in der Prinsengracht keinen Verdacht schöpften.[275] Er wusste auch, dass es besser war, keine Fragen zu stellen.[276]

Bezugskarten für Fleisch und Brot. Die Rationierung der Waren erschwerte deren Beschaffung für die Untergetauchten erheblich.

In der niederländischen Gesellschaft hinterließ die Besatzung überall ihre Spuren. In einer Kleinanzeige hieß es im «Telegraaf» vom 9. Juli, eine Schülerin von «16–17 Jahren sucht dito Freundin, pro-deutsch». In dieser verkehrten Welt hieß «pro-deutsch» *für die Nazis* zu sein. Die Franks waren nicht «pro-deutsch», sondern Deutsche, deutsche Juden, und als Juden mussten sie sich nun in ihrem niederländischen Exil verstecken. Für Otto Frank war es selbstverständlich gewesen, dass er die Werke deutscher Dichter und Denker, von Goethe, Schiller, Hebbel und Körner, mit ins Versteck nahm.[277] Das Deutschland, mit dem das Ehepaar Frank sich identifizierte und an dem die beiden festhielten, gab es so nicht mehr. Die Nazis und ihre Anhänger hatten daraus eine nostalgische Erinnerung werden lassen.

Anne war sich ihrer «privilegierten» Lage im Versteck sehr wohl bewusst: Das Hinterhaus war *als Versteck ideal, obwohl feucht und schiefgezogen, wird man in ganz Amsterdam, ja in ganz Holland vielleicht zum Verstecken nicht mehr so etwas bequem Eingerichtetes haben*[278]. Gleichzeitig äußerte sie ihre *ziemlich verrückte Auffassung von Verstecken*, weil sie neben Angst auch das abenteuerliche Ge-

Versteck niederländischer Juden unter den Bodendielen eines Hauses

fühl empfand, sie befinde sich dort *wie in einer sehr eigenartigen Pension, wo ich Ferien mache*[279].

Während sie einen Teil der unter der deutschen Besatzung fast alltäglich gewordenen Ängste «draußen» hinter sich gelassen hatten, war nun eine entscheidende hinzugekommen: die Furcht vor der Entdeckung. Anne notierte: Die Angst, dass die Nachbarn sie hören oder sehen könnten, war allgegenwärtig. Gleich am ersten Tag wurden Vorhänge genäht

> Aus dem Fenster schauen oder hinaussehen dürfen wir natürlich nie.
> Auch müssen wir leise sein, denn unten dürfen sie uns nicht hören.
>
> Anne Frank, 8. Juli 1942, TGB, S. 264 (a)

und aufgehängt, *um da vor Ende unserer Versteckzeit nie mehr herunterzukommen*[280]. Wegen der Nachbarn war es verboten, *nachts zu husten*, und tagsüber mussten die Versteckten aus Furcht, von den Angestellten der Firma Otto Franks oder denen der benachbarten Betriebe gehört und entdeckt zu werden, *immer sehr leise gehen und sprechen.*[281] Für die impulsive und lebhafte Anne bedeutete dies, sich ruhig zu verhalten, was ihr viel abverlangte. Abwechslung erhoffte sie sich von der bevorstehenden Ankunft der Familie van Pels. Schon auf dem Weg in die Prinsengracht hatte Anne erfahren, dass sich Hermann, Auguste und Peter van Pels ihnen anschließen und sie dann zu siebt im Versteck leben würden.[282] Eigentlich war die Ankunft für Dienstag den 14. Juli 1942 vorgesehen, aber wegen einer neuerlichen Welle von Deportationsaufrufen *fanden sie es sicherer, einen Tag zu früh als einen Tag zu spät umzuziehen*[283]. Morgens um halb zehn traf der fünfzehnjährige Peter ein, nach Annes erster Einschätzung ein *ziemlich langweiliger und schüchterner Lulatsch*[284]. Etwa eine halbe Stunde später folgten seine Eltern. Die Neuankömmlinge wurden gehörig ausgefragt, was sich in der Woche «draußen» ereignet habe, die Anne, Margot und ihre Eltern schon im Versteck verbracht hatten. Insbesondere Hermann van Pels' Erzählungen von dem Erfolg der falsch gelegten Fährten beim Untertauchen der Franks sorgten für Genugtuung und Erleichterung. Wer würde sie nun noch in Amsterdam vermuten?

Immer wieder erinnerten Bekanntmachungen der deutschen Besatzungsbehörden – zum Teil sogar auf der Titelseite – die nicht jüdischen Leser des «Telegraaf» an das Los ihrer jüdischen Nachbarn. Am 3. August 1942 rückte die «Judenfrage» wieder auf die erste Seite der Zeitung: Generalkommissar Fritz Schmidt hatte sich vor einer niederländischen Ortsgruppe der NSDAP eingehender zu der aktuellen Situation geäußert: «Die Juden» seien «die gefährlichsten und gemeinsten Feinde des nationalsozialistischen Deutschland». Der Krieg sei eine Reaktion auf den Willen des «internationale[n] Judentum[s...] nicht allein die Nationalsozialisten, sondern alle Deutschen vernichten» zu wollen. Deshalb könne niemand den Deutschen «verübeln», wenn sie «in diesem erbitterten, abschließenden Kampf, der das Los der kommenden Jahrhunderte bestimmen wird, diesen gefährlichen Gegner ausschalten». Jeder Jude sei in erster Linie «der Vertreter seiner Rasse». Dazu gab Schmidt eine zynische Erklärung für die Deportation von ganzen Familien: «Wir sind keine Barbaren», behauptete er, «wir wollen selbst den Juden zugestehen, ihre Familien mitzunehmen.» Schmidt drohte den Niederländern und damit Miep Gies und den Helfern der Franks: «Jeder, der diesen als richtig und notwendig erkannten Weg sabotiert oder uns bei dessen Ausführung behindert, muss – unabhängig, welcher Nation er angehört – gewärtigen, dass ihm das selbe Los wie den Juden bevorsteht.» Die Niederländer sollten sich deshalb «zurückhalten, um sich nicht in Angelegenheiten einzumischen, die zwischen kämpfenden Parteien ausgefochten werden». Damit reagierte Schmidt auch auf kirchliche Proteste gegen die Deportationen. Die Deut-

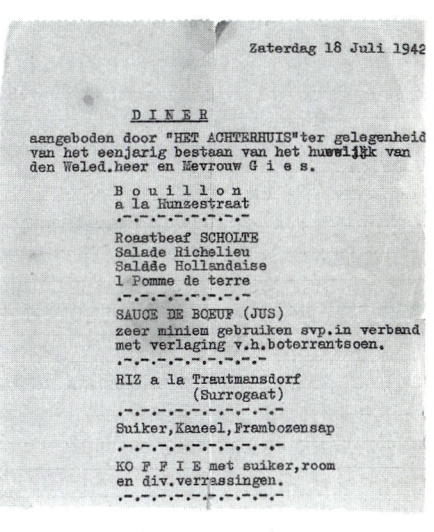

Anlässlich des ersten Hochzeitstags am 16. Juli 1942 von Miep und Jan Gies kochten die Franks am 18. Juli (12 Tage nachdem sie im Hinterhaus untergetaucht waren) ein Festmahl. Anne schrieb eine humorvolle Speisekarte, als fände das Festessen in einem französischen Restaurant statt.

schen meinten es ernst, und Schmidt ließ es die niederländische Bevölkerung, Juden wie Nichtjuden, wissen: «Einmal wird die Judenfrage auch in den Niederlanden gelöst sein.»

Die ersten Wochen im Versteck brachten so viel Neues, dass Anne ihr Tagebuch die ersten vier Wochen vernachlässigte. Am 28. September schrieb sie: *Wenn ich nachts Angst habe, dann lege ich mich zu Papa ins Bett, er findet das alles prima.*[285] Anne erinnerte sich an Jacquelines Aussage *«Ich traue mich nichts mehr zu machen, denn ich habe Angst, dass es nicht erlaubt ist.»*[286] Anne hielt mit ihrer Phantasie dagegen: *Ich träume hier immer so schön, aber die Wirklichkeit ist, dass wir hier sitzen müssen, bis der Krieg vorbei ist.*[287] Und doch blieb die Furcht, *dass wir entdeckt werden und dann erschossen werden – eine weniger angenehme Aussicht*[288].

Ab Ende September adressierte die Dreizehnjährige ihre Tagebuchnotizen, inspiriert von ihrer Lieblingslektüre, die damals in den Niederlanden sehr beliebten Bücher über «Joop ter Heul» von Cissy van Marxfeldt, an reale oder erfundene Freundinnen, deren Namen sie aus den Jugendbüchern übernahm. Die Literaturwissenschaftlerin Laureen Nussbaum, die Anne und vor allem Margot Frank aus Amsterdam kannte, nennt Annes Tagebucheinträge aus dieser Periode «manchmal noch etwas kindlich und schwärmerisch», sie «enthalten Anspielungen auf Personen und Situationen aus ‹Joop ter Heul›, einige Rätsel und Witze, Annes Träumereien und auch Bemerkungen über ihre Lektüre und ihre Erfahrungen im Versteck».[289] Auf diese Weise versuchte sie, etwas aus der Normalität der Welt draußen in ihrem Tagebuch zu konservieren und in die Welt des Hinterhauses zu retten.

> Liebe Jacqueline, ich schreibe dir diesen Brief, um Abschied von Dir zu nehmen, das wird dich vielleicht verwundern, aber das Schicksal hat es nun einmal nicht anders bestimmt, ich muss weg (wie du inzwischen natürlich schon längst gehört hast) mit meiner Familie, den Grund wirst du schon selbst wissen.
>
> Anne Frank, TGB, S. 285 (a)

Der *versprochene Abschiedsbrief* an ihre wirklich *«beste»* Freundin Jacqueline van Maarsen, den sie natürlich nicht abschicken durfte, datiert auf den 25. September. Er enthielt dennoch die Fiktion, man könne einander vielleicht heimlich schreiben. Anne gab genaue Anweisungen für die *geheime Korrespondenz [...]. Informationen*

Frau Gies!!!! [290] Ein Gedankenspiel oder eine Absicht, die ihr die Erwachsenen erst ausreden mussten? Anne kannte die Gefahr, die eine solche heimliche Korrespondenz für die Versteckten und ihre Helfer bedeutet hätte, malte sich aber dennoch – ergänzt um eine Ermahnung der Freundin zur Verschwiegenheit – die Möglichkeit des Briefwechsels sehr konkret aus: *Wenn Lies oder jemand andere dich fragt, ob du nie etwas von mir hörst, dann sage niemals jawohl, denn du bringst Frau Gies und uns in Lebensgefahr, und ich hoffe auch, dass du so vernünftig bist.* [291] Durch diese Zeilen scheint der Appell ihrer Eltern an Annes Einsicht durchzuschimmern, dass ein Kontakt selbst mit der besten und verschwiegensten Freundin lebensgefährlich für die Versteckten und ihre Helfer sei. Dennoch hoffte sie, *dass ich bald ein Lebenszeichen von dir bekomme und auf ein baldiges Wiedersehen* [292], und gleichzeitig ahnte sie *aber es wird vermutlich doch nicht vor dem Ende des Krieges sein* [293]. Noch am selben Tag schrieb sie einen zweiten Brief an «Jackie», eine Antwort auf einen – fiktiven – Brief der Freundin, in dem sie Jacqueline bat, in der Wohnung zurückgelassene Bücher, Hefte und Spiele beim Untermieter abzuholen und sie zu verwahren oder Miep Gies zu geben. Und noch einmal mahnte Anne zur Vorsicht: sie dürfe *diese Briefe nicht aufheben [...], denn niemand darf sie finden* [294]. Anne Frank zeigte in diesen Zeilen die Einsichtsfähigkeit einer Dreizehnjährigen, die die Gefahr ahnte, sich mit ihr auseinander setzte, sie aber nicht in ihrer ganzen Tragweite erfasste. Gleichzeitig zeugen ihre Worte von dem Bemühen, zwischen der Freundin, der Welt draußen und der gefährdeten kleinen und engen Welt des Verstecks eine Brücke zu schlagen.

Samstags hörte Anne, wie sie am 21. September 1942 notierte, im Radio den *bunten Abend* [295], den die Besatzungsmacht in deutscher Sprache ausstrahlte, um ihren Soldaten und Offizieren das Leben in den besetzten Niederlanden zu «verschönern»; häufiger hörten sie und die anderen BBC oder Radio Oranje, den Sender der niederländischen Exilregierung aus London. [296] Alle zwei Wochen brachte Kleiman *Mädchenbücher* [297] für sie mit, und auch mit Schulbüchern wurde sie versorgt – sie lernte Französisch, einen *Vorrat Hefte, Bleistifte, Radiergummis und Etiketten habe ich mir reichlich von zu Hause mitgebracht* [298]. Anne wollte lernen, schließlich hatte sie *keine Lust mit 14 oder 15 Jahren*, nach der Befreiung, *noch in der ersten Klasse* der weiterführenden Schule zu sitzen.[299] Bei ihrem Vater revanchierte sie sich mit Niederländisch-Unterricht, *sozusagen als Gegenleistung für seine Hilfe in Französisch und anderen Fächern*[300]. Der Alltag war im Übrigen dadurch geprägt, um keinen Preis aufzufallen. Während im Vorderhaus und im Lager im Erdgeschoss gearbeitet wurde, bedeutete das, dass die Versteckten absolut still sein mussten und beispielsweise nicht einmal die Toilette benutzen konnten. Als Handwerker im Haus waren, notierte Anne: *An normalen Tagen müssen wir schon flüstern; ganz und gar nicht sprechen und sich bewegen ist noch 10 × schlimmer.*[301]

Vieles, was sich in Amsterdam und Umgebung zutrug, erfuhren die Versteckten bei den Besuchen von Miep Gies und ihrem Mann Jan, von Bep Voskuijl, Victor Kugler sowie Johannes Kleiman und seiner Frau Joke. Miep Gies war von ihrem Mann ermahnt worden, «nicht immer alles zu erzählen. ‹Bedenke, dass diese Menschen eingesperrt sind, sie können da nicht raus. Es deprimiert sie noch viel mehr. Erzähle lieber nur oberflächlich, halb und halb›!» Sie hat es versucht, aber gerade Anne war damit nicht zufrieden zu stellen: «Sie fühlte, dass mehr dahinter steckte, und wenn ich dann alles erzählt hatte und schon im Weggehen begriffen war, nahm sie mich zur Seite: ‹Miep, erzähl mir dies oder das!›, dann fragte sie mich so viel […].»[302] Andererseits schrieb Anne am 7. Oktober 1942 auch: *Miep kam, aber sie erzählte zum Glück nicht viel, denn was sie erzählt, ist meistens nicht sehr schön.*[303]

Bei einem Zusammenleben von sieben Personen auf so engem Raum und ohne Rückzugsmöglichkeiten blieben Konflikte nicht aus; die Versteckten waren auf sich selbst zurückgeworfen. Mancher Streit, der unter normalen Bedingungen leichter zu ertragen gewesen wäre, weil man sich aus dem Weg gehen konnte, gewann hier übermäßige Bedeutung – insbesondere für die wache und impulsive Anne.

Schwierig gestaltete sich Annes Situation auch dadurch, dass nicht allein ihre Eltern, sondern auch das Ehepaar van Pels Forderungen an sie stellten. «*[…] das ist keine Erziehung, Anne ist schrecklich verwöhnt*», erklärte Auguste van Pels, «*ich würde das nie zulassen, wenn Anne meine Tochter wäre […].*»[304] Damit, so Anne, *endete immer der ganze Wortschwall*, und Anne war selber froh, dass sie nicht eine Tochter van Pels' war.[305] Gelegentlich eilte Otto Frank ihr zu

Hilfe: «*Ich finde*», entgegnete Otto Frank Frau van Pels, «*dass Anne sehr gut erzogen ist, sie hat doch wenigstens schon so viel gelernt, dass sie auf Ihre langen Predigten keine Antworten mehr gibt*»[306].

Nichts an ihr ließen das Ehepaar van Pels und ihre Mutter gelten, monierte Anne, *mein Auftreten, Charakter, Manieren werden Stück für Stück von vorn bis hinten und von hinten bis vorn bequatscht und beklatscht [...].* Anne ließ ihrer Erbitterung in ihrem Tagebuch freien Lauf; sie dachte nicht daran, *all diese Beleidigun*

Auguste und Hermann van Pels

gen auf sich sitzen zu lassen, sie träumte davon, *ihnen schon zu zeigen, dass Anne Frank nicht von gestern ist,* und dass sie nicht mit Annes, *sondern mit ihrer eigenen Erziehung zuerst beginnen müssten.* Gerne wollte sie *ihnen ihre Wörter ungesalzen zurückgeben!* Es würde, prophezeite Anne, *wirklich nicht mehr lange dauern, bis meine angestaute Wut zum Ausbruch kommt.*[307] Immerhin war Anne so frei erzogen, dass sie sich traute, ihre Wut so offen ihrem Tagebuch anzuvertrauen. Frau van Pels lag wohl mit ihrer – als Vorwurf gemeinten – Bemerkung richtig, dass es sich bei den Franks um eine «*moderne Familie*» handelte. Das, notierte Anne, *zielte auf die mehrfach verteidigte moderne Erziehungsmethode von Mutter*[308]. Eines der Ergebnisse dieser offenen Erziehung war vor allem, dass Anne sich selber, ihrem eigenen Urteil traute, dass sie aber auch in der Lage war, ihr Urteil zu revidieren.

Offenbar hatte Anne auch keinen Anlass zur Furcht, jemand von den Erwachsenen würde unbefugt ihre Zeilen lesen. Miep Gies nimmt an, dass Anne nur dann in ihr Tagebuch schrieb, wenn sie sich unbeobachtet fühlte. Man lebte im Hinterhaus zwar auf engstem Raum, aber alle bemühten sich um Rückzugsmöglichkeiten. Einmal traf Miep Gies Anne im Schlafzimmer der Franks am Tisch vor dem Fenster schreibend an. Annes Blick, mit dem sie die Störung quittierte, beeindruckte Miep nachhaltig: «Das war nicht die Anne, die ich kannte, das freundliche, charmante Kind.» Anne schaute sie «wütend an, verbissen, und dann stand Anne auf, schlug das Buch zu und schaute mich von oben herab an. ‹Ja›, sagte das Mädchen ‹über dich schreibe ich auch.›» [309]

Die Schilderungen der Helfer und die Radioberichte über das Leben draußen fanden in Annes Tagebuch immer mehr Niederschlag, weil sie ihrer selbst gewählten Chronistenpflicht zu genügen suchte. Am 1. Oktober 1942 berichtete sie von den Verhaftungen: *Jeden Abend werden die Leute fast abgeholt, und das ist schrecklich, vor allem auch alte und kranke Menschen [...]*. Anne beschwor das *Glück, dass wir hier sind*.[310] Zwei Tage später gab sie Miep Gies' Schilderung wieder, wie die Deutschen in Amsterdam-Süd *wieder Haus um Haus Juden abgeholt haben* – also dort, wo eine ganze Reihe von Bekannten lebten; wer von ihnen mochte noch dort sein? Anne stellte abschließend fest: *Man kann es sich nicht vorstellen, wie schrecklich es ist, ich bin nur froh, dass wir hier sind*.[311]

Am Sonntag, dem 4. Oktober 1942, übertrug der niederländische Rundfunk eine Rede Hermann Görings zum Entedankfest aus dem Sportpalast. Da kein Angestellter im Vorderhaus war, konnten die Versteckten Radio hören, und Anne notierte: *Göring war am Schimpfen über die Juden, ungeheuerlich!!!!*[312] Am Tag drauf zitierte der «Telegraaf» den deutschen Minister für den Vierjahresplan aus seiner Rede auf Seite 2: «Und wie wird das Los des deutschen Volkes sein, wenn wir den Kampf nicht gewinnen sollten? Das deutsche Volk würde vernichtet werden. Dieser Krieg ist nicht der zweite Weltkrieg, sondern der große Rassenkrieg. Ob der Jude oder der Germane die Welt beherrschen wird, darum geht es in letzter Instanz. Der Jude ist es, der diesen Kampf auf Leben und Tod angezettelt hat. Dieser Krieg wird deshalb gewonnen werden, weil er gewonnen werden muss.» Anschließend auf dem Programm: 11.30 Uhr – «Stimme der SS», 11.45 Uhr – «niederländische Stimmen von der Ostfront». Doch davon berichtet Anne nicht.

Immer wieder brachen die Nachrichten von draußen in den Hinterhausalltag hinein – *Nichts als traurige und deprimierende Berichte.*[313] *Miep hat von jemand erzählt, der aus Westerbork geflohen ist, nun ist es dort schrecklich, und wenn es dort schon so schlimm ist, wie muss es dann wohl in Polen sein?*[314] Welchem Schicksal die Deportierten entgegensahen, ahnte Anne zuerst nur vage, im Lauf der Zeit wurden die Ahnungen konkreter.[315] In ihrem überarbeiteten Eintrag für den 9. Oktober 1942 schreibt sie über das weitere Los der Deportierten: *Wir nehmen an, dass die meisten ermordet werden. Der englische Sender spricht von Vergasung. Vielleicht ist das noch die schnellste Sterbemethode. Ich bin völlig aus der Fassung.*[316] Tatsächlich hatte die BBC genau drei Monate zuvor, am 9. Juli 1942, in ihren Sechsuhrnachrichten berichtet, dass die Deutschen in Polen bereits mindestens 200 000 Juden ermordet hätten, die Mordrate läge bei 6000 je Monat, 2500 Juden seien in einem Dorf in einer Nacht umgebracht worden, zehnmal so viele seien in die 23 Konzentrationslager verbracht worden. Die Menschen würden erschossen und mit Giftgas ermordet.[317]

Anfang Oktober 1942 wurden innerhalb weniger Tage etwa 9000 Juden in Amsterdam festgenommen und deportiert. Anne träumte in dieser Zeit von ihrem Freund Peter. Sie wünschte sich, dass er auch ins Versteck käme, aber: *Der arme Junge, vielleicht ist er schon tot in Polen.*[318] Auch die Berichte von Geiselerschießungen beschäftigten Anne nachhaltig.[319] Sie lernte Französisch, unregelmäßige Verben, Mathematik, auch Algebra und Stenographie für eine ungewisse Zukunft.[320] Das Mädchen las ausgesprochen gern und viel – die von Kleiman mitgebrachten niederländischen Jugendbücher und – auf Betreiben Otto Franks – deutsche Dichtung. Ihr Vater wollte, dass Anne *nun auch Hebbel und andere Bücher von anderen bekannten deutschen Schriftstellern lese.* Allerdings bereitete ihr die Sprache Probleme: *Deutsch lesen, geht nun schon relativ flott. Nur flüstere ich es meistens, statt dass ich für mich lese. Aber das geht wohl vorbei.*[321] Schließlich hat Otto Frank auch *Goethes und Schillers Dramen aus dem großen Bücherschrank geholt, er will mir jeden Abend etwas vorlesen. Mit Don Carlos haben wir schon angefangen.*[322] Und auch Edith Frank bemühte sich, ihrer Tochter etwas von dem, was ihr selber wichtig war, nahe zu bringen: *Um Vaters gutem Vorbild zu folgen, hat Mutter mir ihr Gebetbuch in die Hände gedrückt. Anstands-*

Am 18. Oktober 1942 klebte Anne ein Foto von sich ins Tagebuch und schrieb dazu: «Das ist ein Foto, wie ich mir wünschen würde, immer so zu sein. Dann hätte ich wohl noch eine Chance, nach Hollywood zu kommen. Aber zur Zeit sehe ich leider meistens anders aus.»

halber hatte Anne *ein paar Gebete in Deutsch gelesen* und fand sie *schon schön, aber es sagt mir nicht viel.* Anne fragte sich nicht, warum ihr Vater sie mit der deutschen Geisteswelt vertraut machen wollte, aber mit Blick auf ihre Mutter: *Warum zwingt sie mich, auch so fromm-religiös zu tun?* [323] Mit deutlich mehr Enthusiasmus pflegte Anne ihre Kollektion von Filmstarbildern und setzte sich mit eigenen Fotos auseinander. [324]

Anne träumte davon, *nach Hollywood zu kommen* [325]. Aber zwischen Hollywood und dem Amsterdamer Hinterhaus lagen damals mehr als nur Welten. In ihrer Begeisterung erlaubte sich Anne Träume von einem Leben, das so ganz anders war als das im Versteck – etwa mit ihrem Vater in der Schweiz, von der Familie ihrer Tante aufgenommen. Sie malte sich aus, wie sie mit ihrem Cousin einkaufen und was sie sich kaufen würde – so entstand eine detaillierte Einkaufsliste. [326] Eis laufen und Diva sein – weit entfernt davon war die triste Realität im Hinterhaus. [327] Sonntags,

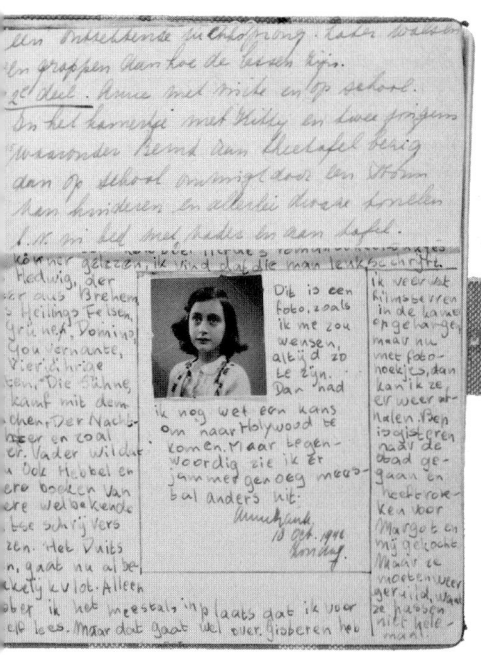

wenn man sich leise und vorsichtig in das Büro im Vorderhaus setzen konnte, um Radio zu hören, klang ein Eintrag wie *Gleich gehe ich mit meinem Strickzeug oder einem Buch hinunter und setze mich ans Radio* wirklich fast nach Alltag.[328] Zugleich waren die Sonntage aber auch Arbeitstage für die Hinterhausbewohner, an denen Tätigkeiten wie *Schrubben, Fegen und Waschen* auf dem Programm standen, weil niemand im Haus war, der die damit verbundenen Geräusche hätte hören können.[329]

Die Versteckten, die dem Kriegsverlauf am Radio folgten und die Frontverläufe auf einer Karte absteckten, hofften inständig, *dass die Engländer keine neuen Schnitzer machen und der Krieg bald vorbei ist*[330]. Für Anne verkehrte sich das Verhältnis zwischen normal und verrückt. Am 2. November, einem Montag, schrieb sie: *Ich habe eine Weile zwischen den Vorhängen des vorderen Büros hindurch auf die Straße geschaut, komisches Gefühl ist das, es scheint, als ob die Menschen draußen verrückt sind.*[331]

Am 16. November 1942 stieß Fritz Pfeffer, ein jüdischer Zahnarzt, zu den sieben Versteckten im Hinterhaus. Er war gemeinsam mit seiner nichtjüdischen Lebensgefährtin Charlotte Kaletta nach dem Novemberpogrom 1938 aus Deutschland nach den Niederlanden geflohen. Dr. Pfeffer war wie Otto Frank Jahrgang 1889, stammte aus Gießen, war geschieden und hatte einen Sohn, der mit einem Kindertransport aus Deutschland nach Großbritannien gelangt war. Miep Gies hatte Pfeffer das Angebot unterbreitet, ihn zu verstecken, ohne jedoch zu sagen, wo und vor allem mit wem. *Die Gefahr ist für 7 genauso groß wie für 8,* war die spontane Reaktion der Helfer, als die Versteckten die Idee entwickelten, eine weitere Person aufzunehmen. Als sie in Gedanken ihren Bekanntenkreis durchgegangen waren, *um einen alleinstehenden Menschen zu finden, der gut in unsere Versteckfamilie passen würde,* stellten sie fest, dass es letztlich *nicht schwierig* war, *so jemanden aufzutreiben.*[332] Am 15. November schrieb Fritz Pfeffer seiner «innigstgeliebten» Charlotte einen Abschiedsbrief, den er als «Morgengruß» begann. «Was bedeutet», fragte er sie, «diese hoffentlich recht kurze Unterbrechung in dem ewig unzerreißbaren Band! [...] Deine Liebe wird mich und uns stärken und tapfer halten» – kein Wort vom Untertauchen.[333] Als Pfeffer zu den anderen ins Hinterhaus gebracht wurde, traute er seinen Augen kaum, *ließ sich auf einen Stuhl fallen und schaute uns alle eine Weile sprachlos an, als ob er erst die genaue Wahrheit von unseren Gesichtern ablesen wollte.* Dann stotterte Pfeffer verdattert in deutsch-niederländischem Kauderwelsch: «Maar ... aber, sind u dan nicht in Belgie? Ist der Militär nicht gekomen, das Auto, die vlucht, ist sie nicht gelukt?»[334]

Bis dahin hatten sich Margot und Anne ein Zimmer geteilt. Nun zog Margot zu den Eltern, und Anne musste ihr kleines Zimmer mit dem Dreiundfünfzigjährigen teilen, worüber sie *ehrlich gesagt* von Anfang an *nicht so sehr erfreut* war. Geduldig stand sie ihrem neuen Mitbewohner Rede und Antwort, zeigte sich aber erstaunt, *dass er so schwer von Begriff ist, alles fragt er doppelt und behält es auch dann noch nicht. Vielleicht,* hielt sie ihm anfangs zugute, *geht das vorbei, und ist er nur durch die Überraschung so durcheinander.* Im Gegenzug berichtet Pfeffer *von der Außenwelt [...], die wir nun schon so lange vermissen,* und was er zu erzählen hatte, stimmte traurig. Mit seinen Schilderungen von Razzien fühlte Anne sich in ihren

Blick aus dem Büro im Vorderhaus
auf die Prinsengracht

Ahnungen bestätigt: Oft sah sie *abends im Dunkeln die Reihen guter,*
unschuldiger Menschen gehen, mit weinenden Kindern, immer nur lau-
fen, kommandiert von ein paar Kerlen, geschlagen und gepeinigt, bis sie
fast zusammenbrechen. Nichts wird geschont, Bejahrte, Kinder, Babys,
schwangere Mütter, Kranke, alles geht mit in dem Zug zum Tod. Anne
wusste, wie vergleichsweise gut sie es in ihrem Versteck hatten:
Wir brauchten uns aus dem ganzen Elend nichts zu machen, wenn wir
uns nicht so ängstigen würden um alle, die uns so teuer waren und denen
wir nicht mehr helfen können. Mit schlechtem Gewissen dachte sie
an ihre Freundinnen, weil sie sich in ihrem warmen Bett vergleichsweise sicher und geborgen fühlen konnte, *während meine*
liebsten Freundinnen irgendwo draußen niedergeworfen oder niederge-

stürzt und *den Händen der brutalsten Henker ausgeliefert sind, die es jemals gegeben hat.* Und das alles nur, *weil sie Juden waren.*[335] In diese Schilderungen, die Annes überarbeiteter Fassung entstammen, sind ihr später durch das Radio zugänglich gewordene Informationen über das Los der Juden eingegangen. Anne bemühte sich aber, in der nachträglichen Bearbeitung die Atmosphäre möglichst dicht einzufangen. Die Berichte Pfeffers schienen ihr *so grauenhaft und barbarisch, dass es nicht zum einen Ohr rein und zum anderen Ohr wieder rausgeht.* Und schon wenn Miep Gies *ab und zu mal etwas herausließ über das schreckliche Los eines Bekannten, fingen Mutter oder Frau v[an]. P[els]. jedes Mal an zu weinen, so dass Miep es besser fand, überhaupt nichts mehr zu erzählen.* Wie sollte man sich mit dem Wissen über die Geschehnisse draußen verhalten? Sie wusste, *wenn die Berichte ein bisschen gesackt sind,* würden die Hinterhausbewohner *wohl wieder Witze machen,* weil es den Versteckten genauso wenig wie *denen da draußen* geholfen hätte, *wenn wir so bedrückt bleiben, wie wir es alle im Augenblick sind, und was hat es für einen Sinn, aus dem Hinterhaus ein melancholisches Hinterhaus zu machen.* Und doch empfand Anne Skrupel, denn *bei allem, was ich tue, muss ich an die anderen denken, die weg sind, und wenn ich wegen etwas lachen muss, höre ich wieder erschrocken auf und denke mir, dass es eine Schande ist, dass ich so fröhlich bin.* Die Frage, ob sie deshalb den ganzen Tag weinen müsse, verneinte Anne: Das konnte sie nicht.[336]

Neben den großen Ereignissen, die von draußen in die fragile «Normalität» des gar nicht normalen Alltags im Hinterhaus drangen, beschäftigten Anne die traurigen Empfindungen der Leere und der schwierigen, notwendigen und zugleich unmöglichen Loslösung von ihren Eltern, aber das sei, wägte sie ab, *von persönlicher Art* und versinke *in das Nichts neben dem eben erzählten Elend.*[337]

Ein Leben im Verborgenen, zeitweilig buchstäblich ein Leben im Dunkeln[338], da lagen die Nerven blank. Ihr Zimmergenosse Pfeffer entpuppte sich, so Anne, *als der altmodischste Erzieher und Prediger ellenlanger Manierenreihen,* als *ein großer Petzer,* mit dem sie immer wieder aneinander geriet. In ihrer überarbeiteten Tagebuchversion revanchierte sie sich damit, dass sie ihm den weder im Niederländischen noch im Deutschen schmeichelhaften Decknamen «Dussel» verpasste. Insbesondere die Einigung um die Benutzung des Tischs im gemeinsamen Zimmer fiel ihnen schwer.[339]

Wiederholt kam es zu Auseinandersetzungen – oft um Kleinigkeiten, die größtes Gewicht erhielten, aber auch um Dinge von höherer Bedeutung wie die Verteilung der Lebensmittel.[340]

Für das achttägige Chanukkafest, das die Untergetauchten mit dem niederländischen Sinterklaas-Fest zusammen feierten, hatte Hermann van Pels einen achtarmigen Chanukkaleuchter aus Holz angefertigt, und jeder erhielt ein kleines Geschenk mit einem bedeutungsvollen, humoristischen Vers, *und da wir alle acht noch nie in unserem Leben Nikolaus gefeiert haben, war diese Premiere recht am Platz*[341].

Der Alltag war von einer enervierenden Routine geprägt, und auch die Gedanken der Untergetauchten hatten *genauso wenig Abwechslung* wie sie selbst, es ging *immer, wie ein Karussell, von den Juden zum Essen und vom Essen zur Politik. – Apropos, von Juden gesprochen.* Am 12. Dezember 1942 vermerkte Anne Frank, dass sie am Vortag – *als ob es ein Weltwunder wäre, 2 Juden durch den Vorhang* gesehen hatte, wobei sie *so ein seltsames Gefühl* beschlich, als ob sie *die Menschen verraten hätte und nur ihr Unglück belauere.*[342]

In der ständigen Auseinandersetzung mit den anderen war Anne zu einer scharfen Beobachterin geworden. *Ach*, brachte sie einen tiefen Seufzer zu Papier, *ich werde so vernünftig!* Alles im Versteck verlangte «*Vernunft*»: *lernen, zuhören, Mund halten, helfen, lieb sein, nachgeben und was weiß ich noch alles!* Anne fürchtete, sie könnte ihre *Vernunft, die schon nicht besonders groß ist, viel zu schnell verbrauche[n] und für die Nachkriegszeiten nichts mehr übrig behalte[n]*[343]. In der verzweifelten Situation, in der sie lebte, erschien es ihr egoistisch, überhaupt nur über «nach dem Krieg» zu sprechen und sich über neue Kleider und Schuhe zu freuen. Andererseits *bleibt uns nichts anderes übrig, als so ruhig, wie es nur geht, das Ende dieser Misere abzuwarten*[344].

Die Spannungen im Hinterhaus wuchsen, und Anne entzog sich durch Reflexion.[345] Man wartete auf erlösende Nachrichten von den Fronten – alles, was Hoffnung verhieß, wurde begierig aufgesogen. Für Anfang 1943 notierte Anne, dass ihr Vater *jeden Tag die Invasion* erwartete, und gleichzeitig beunruhigte die Versteckten, dass das Haus in der Prinsengracht den Eigentümer gewechselt hatte – was würde geschehen, wenn der neue Eigentümer das Hinterhaus entdeckte?[346]

Der Krieg kam näher. Alliierte Flugzeuge überflogen Amsterdam, die deutsche Flugabwehr und Maschinengewehre waren zu hören, Anne suchte nachts Zuflucht im Bett des Vaters, ihr Flehen, eine Kerze anzuzünden, wurde von der Mutter – zum Ärger des Vaters – erhört: *Mutters resolute Antwort auf sein Murren war: «Anne ist doch kein alter Soldat.» Damit basta.*[347] Fritz Pfeffer korrespondierte – gegen alle Vorsicht – mit Charlotte Kaletta, Miep Gies leitete die Post weiter, die anderen im Versteck waren beunruhigt und drängten auf Abbruch der Korrespondenz.[348] Doch Pfeffer fuhr fort – noch im April 1944 vermerkt Anne, ein Ende des Briefwechsels sehe sie *so schnell nicht kommen, obwohl es in der Tat viel unnötiges Risiko beinhaltet*[349].

Am 27. März 1943 zitiert Anne aus einer Geheimrede des Höheren SS- und Polizeiführers Aus der Fünten, deren Inhalt durch den Widerstand publik gemacht worden war. In dieser Rede hatte er, für Anne *irgendein hoher Mof*, einen Zeitplan offen gelegt, nach dem die Niederlande, Provinz um Provinz, «judenfrei» gemacht, *gesäubert werden* sollten, *als ob es Kakerlaken sind.*[350] Teile Amsterdams brannten, fast jede Nacht überflogen alliierte Flugzeuge die Niederlande in Richtung Deutschland, kaum eine Nacht war ohne Störung – Anne hatte *schwarze Ringe unter den Augen durch den Mangel an Schlaf.* Die zunehmende Mobilisierung niederländischer Arbeitskräfte für die Deutschen wurde verzweifelt hoffnungsvoll als Vorbote einer alliierten Invasion gedeutet. Das Essen wurde knapper, alles im Versteck zeigte Spuren von Verschleiß, und doch erschien Anne das Leben im Hinterhaus im Verhältnis zu dem anderer Juden, *die sich nicht verstecken, wie in einem Paradies*[351]. Angesichts der wachsenden Zahl der Bombardierungen wuchs neben der Hoffnung auf eine baldige Befreiung auch die Sorge davor, selber Bombenopfer zu werden. Als Anne in einen Koffer *die notwendigsten Fluchtgegenstände gestopft* hatte, fragte ihre Mutter: *«Wohin willst du denn fliehen?»*[352] Schließlich *bedeutet die Straße genauso viel Lebensgefahr wie ein Bombardement.*[353]

Die Sorgen angesichts der mehrfachen Bedrohung von außen verlangten ein gehöriges Maß an Verdrängung, um weiter durchhalten zu können. Darin war man durch die schweren Monate der deutschen Besatzung geübt, schon draußen hatten die Franks das Festhalten an einer immer brüchigen Normalität praktiziert. Zu ihrem vierzehnten Geburtstag schrieb Otto Frank für Anne ein Gedicht, auf Deutsch, Margot übersetzte es ins Niederländische, aber nicht alle Reime lassen sich übertragen. Ironisch, verständnisvoll und selbstkritisch ging Otto Frank auf Annes Situation als Jüngste unter so vielen Erwachsenen ein, *«ein jeder will sein ein bisschen dein Lehrer, Dir oft zur Pein»*[354].

Nach dem am 13. Mai 1943 erlassenen Verbot, andere Radiogeräte als «Volksempfänger» mit minderer Empfangsleistung zu besitzen, damit keine «Feindsender» mehr abgehört werden konnten, musste auch das große Radio aus dem Vorderhaus abgeliefert werden. Kleiman besorgte jedoch ein kleines, illegales Gerät für die Hinterhausbewohner – *zu illegalen Juden*, schrieb Anne Frank treffend, *illegalem Geld und illegalem Kupfer kann noch gut ein illegales Radio*. Sie nannte diese Verbindung zur freien Welt eine *Mut-bewahren-Quelle*; wenn die Berichte von draußen auch immer schlimmer wurden, half *das Radio mit seiner Wunder-Stimme, dass wir den Mut nicht verlieren und jedes Mal wieder sagen: «Kopf hoch, bewahre guten Mut, es kommen auch wieder andere Zeiten!»*[355] – Neben den Radiosendungen blieben ihr nur Lesen und Lernen als Ablenkung.[356]

Was würden die Versteckten als Erstes tun, wenn sie befreit sein würden? Mit dieser Frage beschäftigten sich Anne und die anderen, wenn die Meldungen aus dem Radio wieder einmal Anlass zur Hoffnung gaben. *Endlich wieder was Gutes und … Hoffnung*, kommentierte Anne eine dieser Nachrichten, *Hoffnung auf das Ende, Hoffnung auf den Frieden*.[357] Margot Frank und Hermann van Pels träumten von einem richtigen Vollbad, Auguste van Pels von Torten, Mutter von Kaffee, Peter wollte in die Stadt und ins Kino, Fritz Pfeffer zu seiner Charlotte – und Anne? Sie bekannte, sie *würde vor Seligkeit nicht wissen, wo anzufangen*[358].

Gleich mehrfach wurden die Nerven der im Hinterhaus Untergetauchten auf eine besonders harte Probe gestellt. Am 25. März 1943 berichtet Anne, wie Peter am Vorabend durch ein Geräusch aufgeschreckt in das Zimmer der Franks kam und Otto Frank zuflüsterte, dass eine Tonne im Lager laut umgefallen sei, jemand habe an einer Tür gerüttelt. Die Versteckten waren alarmiert und versammelten sich in dem Zimmer des Ehepaars van Pels, das im

Das Zimmer von Hermann und Auguste van Pels.
Der hohe, helle und geräumige Raum unter dem Dach
mit Herd und Spülstein diente den Untergetauchten
als Wohn-, Ess- und Arbeitszimmer.

obersten Stockwerk lag, während Otto und Peter der Sache auf den
Grund zu gehen versuchten. Zwei Türen fielen ins Schloss. Anne
fürchtete, Krämpfe vor Angst zu bekommen. Von Viertel nach
acht bis halb elf verharrten sie regungslos, gingen dann zu Bett,
doch das Einschlafen fiel schwer.[359] Viele Jahre später erinnerte
sich Hans Wijnberg, der in der Nachbarschaft gewohnt hatte, bei
der Lektüre des Tagebuchs daran, wie er als Junge in das Lager ein-
gebrochen war, um Gewürze zu stehlen, jedoch durch das Geräusch einer Klospülung im doch angeblich menschenleeren
Haus erschreckt wurde und überstürzt das Haus verließ.[360] Ein
zweiter Einbruch ereignete sich vier Monate später, in der Nacht
zum 16. Juli. *Wir waren alle 8 froh*, notierte Anne, *dass wir nachts so
gut geschlafen und nichts gehört hatten* – und sie konnten froh sein,
schlafend selber keine Geräusche verursacht zu haben, die den
Dieb auf sie aufmerksam gemacht hätten; er zog unbemerkt mit
Bargeld, Schecks, Sparbüchern und Lebensmittelmarken ab, die er
im Büro gefunden hatte.[361] Am 28. Februar 1944 hatte sich ein wei-

terer Dieb mit einem Nachschlüssel Zutritt zum Büro verschafft; vermutlich wurde er von Hermann van Pels während dessen abendlichem Inspektionsgang ins Vorderhaus gestört, es bestand aber die Gefahr, dass er van Pels sogar gesehen hatte, was die Angelegenheit *noch viel komplizierter als das vorige Mal* machte, zumal, wer über einen Schlüssel verfügte, auch wiederkommen konnte.[362] Knapp einen Monat später, am Abend des 9. April 1944, ereignete sich ein weiterer Einbruch, der sogar die Polizei ins Haus brachte.[363]

Anlass zur Sorge für die Versteckten bot aber auch das Interesse des Lagerleiters Willem van Maaren, der seit 1943 für die Firma arbeitete. Da er vermutete, dass das Lager nächtliche Besucher hatte, stellte er kleine Fallen auf, ließ etwa *öfters einen kleinen Holzstab auf dem Packtisch liegen, sodass der Stab etwas über den Tisch hinausragte* und ein Vorbeigehender ihn in der Nacht bewegt hätte. Oder er verstreute Kartoffelmehl, um Fußspuren festzuhalten. Kugler bejahte dann eifrig van Maarens Frage, ob er nach Schließung des Magazins noch einmal dort gewesen sei. Als Hermann van Pels seine Geldbörse im Lagerraum verloren hatte, während er sich dort auf einer der Gewürzwaagen gewogen hatte, gab Kugler auf van Maarens Frage das Portemonnaie geistesgegenwärtig als seines aus, das er schon länger vermisse. Dennoch blieb van Maaren misstrauisch, fragte nach Otto Frank und stellte im Stillen Mutmaßungen über die Nutzung des Hinterhauses als Versteck an. Die Versteckten und ihre Helfer misstrauten dem Mann. Ihn zu entlassen war ebenso unmöglich wie ihn ins Vertrauen zu ziehen, da man einerseits seine Rache und andererseits seine Unzuverlässigkeit fürchtete.[364]

Manchmal sank der Mut, dann sagte Auguste van Pels: «*[...] lass sie nur kommen, besser ein Ende mit Schrecken als kein Ende*», oder: «*Die Invasion kommt doch nie! [...] Die Engländer leisten nichts!*» Solche Sätze konnten – in Annes Worten – «*die Bombe zum Platzen*» und die Stimmung zum Kochen bringen.[365]

Über mehrere Seiten hielt Anne akribisch den Tagesablauf eines *normalen Tages* fest; sie wusste, dass *alles so vollkommen anders* war *als in normalen Zeiten bei normalen Leuten*. Es war ein bis ins Kleinste geregelter Tagesablauf, ein Leben auf der Hut.[366] Nachdem im August 1943 die Glocke des benachbarten Westerturms zum Einschmelzen abgeholt worden war, kam die fest gefügte Struktur des Tages im Hinterhaus kurz ins Wanken. Erleichterung brachten die Abende, wenn Miep Gies, Bep Voskuijl, Kleiman oder Kugler kamen, um den Versteckten *die Abend-Freiheit zu schenken,* in der sie vorsichtig vom Vorderhaus Besitz ergreifen konnten.[367] Anne bekam jeden Tag Valeriaantjes, Baldriantabletten, *gegen Angst und Depression,* aber *einmal richtig und laut zu lachen, das würde mehr helfen als 10 Valeriaantjes, aber lachen haben wir fast verlernt.* Anne fürchtete, dass sie *vor Ernst ein starres Gesicht und einen niederhängenden Mund bekommen werde,* und alle bangten im Herbst 1943, zermürbt von den Monaten im Versteck, dem kalten und dunklen Winter entgegen.[368] Mehr und mehr gingen die Versteckten einander auf die Nerven. *Ehrlich gesagt* vergaß Anne *ab und zu, mit wem wir Streit haben und mit welcher Person die Versöhnung schon stattgefunden hat. Das einzige, was ablenkt, ist lernen, und das tue ich viel.*[369]

Manche Aufträge der Versteckten waren für die Helfer riskant – wie Miep Gies' Kurierdienste für Fritz Pfeffer und seine draußen lebende Charlotte. Angesichts des Warenmangels und des knapper werdenden Geldes wurde die Versorgung der Versteckten immer schwieriger. Nun mussten die Helfer immer wieder auch mit Kleidungsstücken, Wertsachen oder etwa Peters Fahrrad losziehen, um sie zu verkaufen.[370] Am 29. September 1943 notiert Anne etwa, Bep Voskuijl habe *einen halben Nervenzusammenbruch* gehabt: Wegen Auguste van Pels' 43. Geburtstag habe sie *10× am Tag [...] Aufträge* bekommen, während Kleiman wegen einer chronischen Erkrankung operiert worden, Miep Gies erkältet zu Hause geblieben und sie selber mit einem verstauchten Knöchel, Liebeskummer und einem murrenden Vater geschlagen war.[371]

Annes Stimmung war mittlerweile häufig depressiv, besonders an Sonntagen, die Atmosphäre beschrieb sie nun als *drückend, schläfrig und bleiern,* die Stille machte ihr zu schaffen, sie fühlte sich in der abwechslungslosen Isolation des Hinterhauses *wie ein Singvogel, dem seine Flügel mit harter Hand ausgerissen worden sind und der in vollkommener Dunkelheit gegen die Stäbe seines engen Käfigs fliegt. «Nach draußen, Luft und Lachen»* schreit es in mir. Anne antwortete dieser Stimme *nicht mal mehr,* sie versuchte, *die Zeit, die Stille, die schreckliche Angst auch,* abzukürzen, indem sie sich schlafen legte.[372] Sie konnte sich kaum mehr vorstellen, *dass die Welt für uns jemals wieder normal wird*, und das Sprechen über die Zeit nach dem Krieg erschien ihr, als ob man über ein Luftschloss spräche, über *etwas, das niemals Wirklichkeit werden kann*, denn *der Ring, der uns von der nahenden Gefahr trennt, wird immer enger gezogen.*[373]

Anne dachte immer wieder an ihre Freundinnen. Am 27. November 1943 notierte sie, dass Hanneli ihr plötzlich *in Lumpen gekleidet mit einem eingefallenen und abgemagerten Gesicht* erschienen war. Mit großen, traurigen und vorwurfsvollen Augen stand sie vor ihr, in denen sie lesen konnte: «*Oh Anne, warum hast du mich verlassen? Hilf, oh hilf mir, rette mich aus dieser Hölle!*» Aber Anne konnte ihr nicht helfen, konnte *nur zuschauen, wie andere Menschen leiden und sterben, und darum muss ich untätig da sitzen und kann nur Gott bitten, sie zu uns zurückzuführen.* Ein schlechtes Gewissen beschlich sie, dass sie Hanneli falsch und eifersüchtig behandelt hätte. *Manchmal*, schrieb Anne, *wie ein Blitz, sah ich etwas von ihrem Leben, um egoistisch direkt wieder in eigenen Vergnügungen und Schwierigkeiten aufzugehen.* Anne spürte ein Schuldgefühl, das vielen Überlebenden des Holocaust später das Leben bitter und schwer machen sollte. Sie wandte sich an Gott mit der Frage, warum sie im Hinterhaus alles hatte, *was ich mir nur wünschen kann und [...] sie von dem harten Schicksal so angefasst worden ist.* Anne war überzeugt, dass ihre Freundin *mindestens so fromm* war wie sie und das Gute wollte, *warum wurde ich dann ausgewählt um zu leben und [warum] musste sie womöglich sterben? Welcher Unterschied war zwischen uns? Warum sind wir jetzt so weit voneinander?* Zu diesem Zeitpunkt konnte sie nicht wissen, dass Hannah Goslar lebte, dass sie ihr noch einmal begegnen würde und dass ihre Freundin sie überleben würde. Anne hoffte inständig, sie wieder zu sehen, sie aufnehmen zu können und alles Versäumte wieder gutmachen zu können. Auch wenn sie ihre Freundin *ehrlich gesagt [...] monatelang, ja ein Jahr fast vergessen hatte,* war sie jetzt in Gedanken bei ihr, und sie schwor sich, *sie niemals [zu] vergessen und immer für sie [zu] beten.*[374] Einen Monat später schrieb sie, wieder an Hanneli denkend: *Man kann weinen, wenn man an seinen Nächsten denkt, man kann eigentlich schon den ganzen Tag weinen. Man kann nur beten, dass Gott ein Wunder geschehen lässt und noch einige von ihnen verschont. Und ich hoffe, dass ich das ausreichend tue!*[375] Jeden Abend, schrieb sie am 6. Januar 1944, betete sie für Hannah, und sie erschien ihr dabei *wie das Symbol des Elends von all meinen Freunden und allen Juden; wenn ich also für sie bete, bete ich für alle Juden und armen Menschen zusammen*[376].

Für Anne gewann in dieser Zeit ihr Judentum an Gewicht. Sie machte sich Gedanken darüber, warum in diesem Krieg ausgerechnet die Juden so erbittert verfolgt und ermordet wurden. Gerade der Druck der Verfolgung bringt sie dazu, ihre jüdische Identität stärker zu betonen. Ihre Eltern erkannten das; auch Otto Frank, der weniger religiös war als seine Frau, hielt es für wichtig, seine Tochter bei der Suche nach einem Halt zu unterstützen. Gleichzeitig war es ihm wichtig, Anne auch die Grundfesten eines christlichen Humanismus nahe zu bringen, und so entschloss er sich, ihr zum zweiten Sinterklaas-Fest im Versteck eine christliche Kinder-Bibel zu schenken. *«Willst du Anne zu Chanukka eine Bibel schenken?»*, gibt Anne die erschrockene Frage ihrer Schwester Margot an den Vater wieder, der erklärte, dass das Nikolaus-Fest vielleicht doch ein besserer Anlass sei, denn, so Anne: *Jesus zu Chanukka passt nun mal nicht.*[377] Auch wenn sie selber häufiger über ihre Religion nachdachte, blieb – etwa in der Beschreibung ihres betenden Zimmergenossen Pfeffer – eine gewisse Distanz zur religiösen Praxis.[378]

> Wir Juden dürfen unser Gefühl nicht gelten lassen, müssen mutig sein und stark, müssen alle Beschwerlichkeiten auf uns nehmen und nicht murren, müssen tun, was in unserer Macht liegt und auf Gott vertrauen. Einmal wird dieser schreckliche Krieg doch wohl vorbeigehen, einmal werden wir doch wieder Menschen und nicht nur Juden sein!
>
> Anne Frank, TGB, S. 683 (a)

Ende Dezember 1943 begann Anne ein neues Tagebuch, das ihr Vater für sie *aufgetrieben* hatte. Das trübe Wetter war noch auszuhalten, schwerer war der *Kriegsstillstand* – die Folge: *Miststimmung.*[379] Und Stimmungsschwankungen: *Himmelhoch jauchzend, zu Tode betrübt. Himmelhoch jauchzend* war Anne, wenn sie darüber nachdachte, *wie gut wir es hier noch haben, im Vergleich zu all den anderen jüdischen Kindern,* und *zu Tode betrübt,* wenn sie hörte, wie Joke Kleiman von dem Leben ihrer Tochter Jopie berichtete, wodurch sie *eine starke Sehnsucht* verspürte, *auch wieder mal viel Spaß zu machen und zu lachen, bis man Bauchweh hat.* Sie konnte sich kaum erinnern, *wann wir mal wieder wirklich richtig gelacht haben, das ist sicher schon ein gutes Jahr her.*

Anderthalb Jahre saßen die beiden Familien nun schon im Versteck, und an manchen Tagen konnte es einem zu viel werden, wie Anne ihrer imaginierten Freundin Kitty bekannte. Gerne wollte sie auch *wieder mal Radfahren, Tanzen, Flirten und was-weiß-ich-noch mehr – wenn ich erst mal wieder frei bin!* Sie wünschte sich, jenseits von *Jude oder nicht Jude* einfach nur als *Backfisch* wahrgenommen zu werden.[380] Andererseits ahnte sie: *Wir können niemals nur Niederländer oder nur Engländer oder von welcher Nation auch immer werden, wir werden daneben immer Juden bleiben müssen, aber wir wollen es auch bleiben.*[381]

Weihnachten 1943 bekam Anne zum ersten Mal ein Weihnachtsgeschenk, das Bep Voskuijl, Miep Gies, Kleiman und Kugler vorbereitet hatten – einen Kuchen mit der hoffnungsvollen Aufschrift «Friede 1944».[382]

> Wer hat uns das auferlegt? Wer hat uns Juden zu einer Ausnahme unter allen Völkern gemacht? Wer hat uns bis jetzt so leiden lassen? Es ist Gott gewesen, der uns so gemacht hat, aber es wird auch Gott sein, der uns aufhebt. Wenn wir all dieses Leid ertragen und doch noch immer Juden übrig bleiben, dann werden die Juden einmal von Verdammten zu Vorbildern werden. Wer weiß, darf es unser Glaube noch mal sein, der die Welt und damit alle Völker das Gute lehrt und dafür, dafür allein müssen wir auch leiden.
>
> Anne Frank, TGB, S. 683 (a)

Immer wieder kam es zu heftigen Zusammenstößen zwischen Anne und ihrer Mutter, an deren Ende oft auf beiden Seiten Tränen flossen. Annes «Geständnis» nach einem solchen Streit, dass sie ihren Vater viel lieber habe als die Mutter, quittierte Otto Frank mit der Bemerkung, *dass das schon wieder vorbeigehen würde.* Anne war da entschieden anderer Meinung: *Mutter kann ich nun mal nicht ausstehen,* schrieb die Dreizehnjährige, *und ich muss mich mit Gewalt zwingen, sie nicht immer anzuschnauzen und ruhig zu bleiben, ich könnte ihr so ins Gesicht schlagen, ich weiß nicht, wie es kommt, dass ich eine so schreckliche Abneigung gegen sie habe.* Anne fand das, was sie da schonungslos zu Papier brachte, selber *gemein von mir, aber so fühle ich es. Ich hoffe, dass Mutter ‹dieses› und alles andere niemals lesen wird.*[383]

Gelegentlich entspannte sich ihr Verhältnis zu ihrer Mutter wieder, dann schrieb sie, wie am 14. Oktober 1942, erleichtert: *Mutter, Margot und ich sind wieder die besten Freunde, das ist doch eigentlich viel angenehmer.*[384] Edith Frank, die schon in der Zeit vor der deutschen Besatzung durch die Verhältnisse des Exils sehr verunsichert war, erschien ihrer jüngsten Tochter oft *sehr nervös*. Anne störte sich an der häufigen Parteinahme Ediths für die besonnenere Margot, die ihrer Mutter sehr ähnlich war. Anne liebte *sie nur*, wie sie ihrem Tagebuch in ihrer gewohnten Offenheit anvertraute, *weil sie nun einmal Mutter und Margot sind, als Menschen können [sie] zum Mond gehen*. Anders sah sie ihren Vater – wenn sie sich von ihm Margot gegenüber als vernachlässigt empfand, nagte Eifersucht an ihr, denn *auf Vater bin ich versessen, er ist mein großes Vorbild*.[385] Mit Worten wie *Schlampigkeit, Sarkasmus und Härte* charakterisierte das Mädchen seine Mutter. Edith Frank entsprach in dieser Zeit nicht Annes Vorstellungen von einer Mutter, bitter schrieb sie, sie selber müsse ihre eigene Mutter sein, *weil ich in mir selbst ein ganz großes Vorbild sehe, wie eine Mutter und eine Frau sein soll, und nichts davon in ihr wiederfinde, der ich den Namen Mutter geben muss*[386].

Anne Franks Überheblichkeit, Selbstmitleid, Larmoyanz und hohe Ansprüche waren Teil einer zermürbenden Auseinandersetzung zwischen Tochter und Mutter, aber auch einer Auseinandersetzung mit sich selbst, in der sie allmählich die Fähigkeit entwickelte, sich auch in andere hineinzuversetzen. Unter den besonderen Bedingungen des Verstecks gewann der ganz normale Ablösungsprozess, der diesem Konflikt zugrunde lag, an Schärfe, da es keine Ausweichmöglichkeiten gab. Für beide dürfte es ein Segen gewesen sein, dass Anne ihr Tagebuch hatte, in dem sie einen Teil ihrer Bitterkeit einschließen konnte.[387]

Die Dauerfehde mit ihrer Mutter gewann in den Frühlingstagen des Jahres 1943 an Schärfe; zum ersten Mal äußert die Tochter aber auch Mitleid, weil sie spürte, dass ihre *kühle Haltung* die Mutter *nicht gleichgültig* ließ, und sie beschrieb, wie sie sich *jedes Mal zusammenkrampfe*, wenn ihre Mutter ihr *ihre harten Worte zufügt[e]*, so, wie sich auch Ediths Herz zusammenkrampfte, *als sie merkte, dass die Liebe zwischen uns wirklich verschwunden war.* Anne empfand Mitleid, aber keine Reue.[388]

Die Auseinandersetzung zwischen Anne und Edith Frank hatte in den Jahren im Versteck Sätze hervorgebracht, die Anne bei der Durchsicht ihrer Tagebücher für *zu heftig* hielt. Im *normalen Leben* hätte es *mit ein paar Mal Aufstampfen in einem Zimmer hinter*

Schloss und Riegel sein Bewenden gehabt. Anfang 1944 fühlte sie *sich etwas klüger geworden.* Mutter und Tochter übten sich mehr und mehr in Selbstbeherrschung, auch wenn Anne Edith Frank nicht mehr *mit der anhänglichen Liebe eines Kindes* lieben zu können glaubte. Ihr schlechtes Gewissen über die harten Worte, die sie im spontanen Schreiben gewählt hatte, beruhigte sie *mit dem Gedanken, dass Schimpfworte besser auf Papier stehen, als dass Mutter sie in ihrem Herzen tragen muss.* Edith Frank selber hatte Anne und Margot erzählt, dass sie die beiden *mehr als Freundinnen denn als ihre Töchter betrachtete.* Hier gibt sie ihr partnerschaftliches Rollenverständnis als Mutter zu erkennen und ihre eigene Not, denn Freundinnen hatte sie in ihrer Isolation selber am dringendsten nötig. Anne war das nicht genug, sie fand, dass *eine Freundin nicht die Stelle einer Mutter ersetzen* könne; sie empfand ihre Mutter als zu wenig warm und fürsorglich.[389] Über ihr Verhältnis zur Mutter dachte sie wieder nach, als sie entdeckte, dass sie selber Frau wurde. Vermutlich in einem Zeitschriftenartikel hatte sie etwas darüber gelesen, *dass ein Mädchen in den Pubertätsjahren in sich selbst still wird und anfängt, nachzudenken über die Wunder, die mit ihrem Körper vollführt werden.* Sie zeigte sich von dem, was sie zur selben Zeit auch an sich selber beobachtete, verschreckt und gleichzeitig fasziniert. Im Oktober 1942 hatte sie entdeckt, *dass ich wahrscheinlich bald meine Periode bekomme,* eine *wichtige Neuigkeit,* die sie ihrem Tagebuch anvertraute, um der unbefangenen Schilderung später, am 22. Januar 1944, hinzuzufügen: *Ich würde so etwas nun nicht mehr schreiben können!*[390] Mit großer Klugheit beschrieb Anne Frank, dass das, was jungen Mädchen *in diesen Jahren* widerfährt, nämlich dass sie sich ihrer selbst nicht völlig sicher sind und *entdecken, dass sie selbst ein Mensch sind, mit Ideen, Gedanken und Gewohnheiten,* bei ihr im Versteck nicht von ungefähr vorzeitig eingesetzt hatte. *Ich habe, da ich schon mit kaum 13 Jahren hier hergekommen bin, früher angefangen damit, über mich selber nachzudenken und zu wissen, dass ich ein Mensch für mich selbst bin.* Nun entdeckte sie ihren Körper neu, und dies ging einher mit einer erwachenden sexuellen Neugier, die sie mit zuweilen sentimentaler Ergriffenheit beschrieb. Das erste Bekenntnis dieser Art, das direkt an die Schilderung ihres Verhältnisses zu ihrer Mutter anschloss, beendete sie mit dem Stoßseufzer: *Hätte ich nur eine Freundin!*[391]

Und ein weiteres *Bekenntnis* schloss an, das Anne sogar noch wichtiger schien: Sie begann, sich für Peter van Pels zu interessieren, seine Nähe zu suchen und sein Vertrauen. Ihr *Verlangen, einmal mit jemandem zu sprechen, wurde so groß, dass es mir auf irgendeine Art in den Kopf kam, Peter dafür auszuwählen,* schrieb sie. In dem stillen, zurückhaltenden und ihr gegenüber anfangs unsicheren und verlegenen, zweieinhalb Jahre älteren Peter entdeckte sie ein Gegenüber, für das sie allmählich schwärmerische Empfindungen entwickelte.[392] Wenn er *statt eines Jungen ein Mädchen* gewesen wäre, hätte Anne ebenso versucht, *ihr etwas von mir selbst zu erzählen und auch sie veranlasst haben, zu reden.* Ihre stärker auf einen Jungen ausgerichteten Phantasien schweiften vorerst in die Vergangenheit zu einem anderen Peter, ihrem Schulfreund Peter Schiff. Ihr Verlangen nach diesem Peter stufte sie selber als sexuell ein, wenn sie schrieb: *Vater sagte einmal zu mir, als wir über Sexualität sprachen, dass ich dieses Verlangen noch nicht verstehen könnte, ich wusste immer, dass ich es schon verstand, und nun verstehe ich es ganz. Nichts ist mir nun noch so teuer wie er, mein Petel!* [393] Aber allmählich flossen die Bilder von Peter Schiff und Peter van Pels ineinander, *zu einem Peter, der gut und lieb [ist] und nach dem ich mich schrecklich sehne.*[394]

Anne bemerkte und notierte körperliche Veränderungen an sich[395], und in ihrem Urteil über ihre Mutter und die anderen Mitglieder der Schicksalsgemeinschaft im Hinterhaus wich der spontane Rigorismus einer noch immer scharfen Urteilsfähigkeit, die sie mehr und mehr auch gegen sich selbst richtete. Sie schrieb von der *Menschenkenntnis*, die sie im Versteck mehr als zur Genüge erworben hatte. Anne wusste, *ich bin noch lange nicht so, wie ich sein muss* – sie wusste nicht einmal, ob sie jemals so sein würde.[396]

Sexualität war für sie ein wichtiges Thema geworden, und vorsichtig tastete sie sich in unschuldigen Gesprächen mit Peter vor, Neues zu erfahren, behielt aber vieles für die Zwiesprache mit ihrer «lieben Kitty» für sich.[397] Sie empfand es als ein «*Frühlingserwachen*»: *[…] ich fühle es in meinem ganzen Körper und in meiner ganzen Seele.*[398]

Im Übrigen beschäftigte sie sich weiter mit Lernen und ihrer Filmstarsammlung, die durch die jede Woche von Victor Kugler mitgebrachte Zeitschrift «Cinema & Theater» auf dem Laufenden gehalten wurde. Sie setzte sich in ihrem Tagebuch mit den Helfern auseinander, *niemals klagt einer von ihnen, dass wir ihnen zu viel Mühe machen. Jeden Tag kommen sie alle herauf, stehen immer und überall für uns bereit.* Dem Heldenmut derer, die offen in diesem Krieg gegen die Deutschen kämpften, setzte sie anerkennend den *Heldenmut* ihrer Helfer gegenüber, den diese *in ihrer Fröhlichkeit und Liebe* bewiesen.[399]

Anfang Februar 1944 stieg die *Invasionsstimmung [...] im ganzen Land* und also auch im Hinterhaus *mit jedem Tag*. Mehrere Seiten ihres Tagebuchs füllte Anne mit Überlegungen, was man nach einer Invasion tun solle, wenn die Niederlande geflutet würden.[400] Bei den Diskussionen, die um die Einschätzung der Lage kreisten, gab Jan Gies zu verstehen, dass er die Berichte von der Ermordung der Juden für Kriegspropaganda hielt, worauf ihm die Versteckten entgegneten, sie gingen davon aus, *dass in Polen und Russland Millionen und Abermillionen hingemordet und vergast worden sind.* Anne machte sich, so behauptete sie, nichts *aus der ganzen Aufregung,* sie sei vielmehr *soweit gekommen, dass es mir nicht mehr viel ausmacht, ob ich sterbe oder leben bleibe, die Welt wird sich auch ohne mich weiter drehen, und ich kann mich gegen die Ereignisse doch nicht wehren.* Sie ließ einen Satz folgen, der die Bedeutung ihrer Aufzeichnungen unterstreicht: Zwar lasse sie es darauf ankommen, *aber wenn ich gerettet werde und vor dem Untergang bewahrt bleibe, dann würde ich es schrecklich finden, wenn ich meine Tagebücher und meine Geschichten verloren hätte.*[401] Anne war in diesen Wintertagen des Jahres 1944 *völlig durcheinander,* wusste nicht, *was zu lesen, was zu schreiben, was zu tun, ich weiß nur, dass ich mich sehne,* wollte viel allein sein, und gleichzeitig suchte sie die Nähe von Peter van Pels.[402] Der träumte von einem Leben in den niederländischen Kolonien. Auch über ihre jüdische Identität sprachen sie. Peter hätte *es schon viel bequemer gefunden,* wäre er nicht Jude, sondern Christ; den Gedanken, sich taufen zu lassen, lehnte er aber ab, denn *nach dem Krieg würde doch niemand wissen, ob er Christ oder Jude war und was für einen Namen er hatte.* Peter war überzeugt: «*Die Juden sind immer das auserwählte Volk gewesen und werden es wohl immer bleiben*», was Anne mit den Worten kommentierte: *Ich hoffe immer, dass sie einmal zum Guten auserwählt sind.*[403]

An einem klaren Mittwochmorgen im Februar 1944 hatte sich Anne auf ihren Lieblingsplatz auf dem Dachboden zurückge-

Peter van Pels

zogen. Sie genoss das herrliche Wetter, den blauen Himmel und die Aussicht über die Dächer von Amsterdam. Glück keimte auf. Und sie genoss die Nähe von Peter, der sich zu ihr gesellte.[404] Sie hatten etwas gemeinsam: Sie kämpften beide mit ihrem *Inneren, wir sind alle zwei noch unsicher und eigentlich zu zerbrechlich und zart innerlich, um so hart angepackt zu werden.* Während Anne ihren Gefühlen oft impulsiv freien Lauf ließ, verschloss sich Peter eher seiner Umwelt.[405] Lange, vertraute Gespräche – auch über das Zusammenleben im Versteck und über die anderen – wurden zu einem gemeinsamen Halt. Peter fragte vorsichtig, ob Anne verliebt sei. Weiß Gott, das war sie. Es war auch für die anderen im Versteck kaum mehr zu übersehen, und wiederholt bot die neue Freundschaft zwischen den beiden Anlass für das Tischgespräch. Peters Zimmer wurde frotzelnd «*Annes zweite Heimat*» genannt, und er bekam die Frage gestellt, ob es sich für Herren schicke, *abends spät im Dunkeln noch junge Mädchen zu Besuch zu haben*, und beide wurden gefragt, wie sie es mit dem Heiraten hielten.[406] Ihre Gedanken kreisten um Peter, von ihm würde *sehr viel abhängen von [dem,] was mit mir weiter passieren wird*. Sie zog aber auch *wie unter einer scharfen Lupe* ein Resümee über die Veränderungen zwischen der *Anne von 1942* und der Anne, die sie jetzt war. Sie sah eine Entwicklung von einem unbekümmerten und vergnügten Mädchen, das die Bewunderung von Verehrern und sogar Anbetern suchte, zu einem Mädchen, das – seit der zweiten Hälfte des Jahres 1943, wie sie schreibt – *sehr große Veränderungen erfuhr*. Anne *lernte Gott kennen!* Sie *fing an zu denken, zu schreiben* und entdeckte sich selbst. Sie *bekam Vertrauen, aber auch noch Kummer, denn ich verstand, dass ich an Mutter nichts mehr hatte und dass Vater niemals mein Vertrauter werden würde*. Anne schrieb: *ich hatte mich selbst.*[407] Sie wurde früh erwachsen.

Zuweilen sprach sich Anne auch mit ihrer Schwester Margot aus, deren Eifersucht auf ihre Freundschaft mit Peter sie fürchtete. Als sie dies vorbrachte – *Ich finde es so schlimm, dass du als drittes Bein dabeistehst* –, antwortete Margot *einigermaßen bitter:* «*Das bin ich gewöhnt.*»[408] Anne fügte am 20. März 1944 Zeilen ihrer Schwester ein, in denen diese den Eindruck der Eifersucht noch einmal auszuräumen versuchte. Auch Margot erwies sich in ihren Worten als kluge, wache und warmherzige Beobachterin, und ihr sicherer Stil weist auf einige Übung hin.

Durch die nächtlichen Einbrüche, die Festnahme ihrer «*Markenmänner*» etwa, die später wieder freigelassen wurden, wurde den Versteckten die Fragilität ihrer Situation immer wieder vor Augen geführt. Zeitweilig fielen Miep Gies, Bep Voskuijl und Johannes Kleiman gesundheitsbedingt aus. Anne quälte zwar die *Angst vor den Zellen und Konzentrationslagern*, gleichzeitig aber fühlte sie sich mutiger und Gott näher.[409] Ungeduld und Sorge wuchsen: *Wäre der ganze Mist schon vorbei!* Die Furcht blieb, dass *die Deutschen [...] am Schluss noch den Sieg erringen würden*. Anne hatte *schreckliche Angst, dass wir verhungern werden* und musste dabei *froh sein, dass ich nicht in Polen bin!*[410]

Im Hinterhaus wurde über die politische Lage immer wieder heftig diskutiert. Anne verließ sich auf das Radio, die Berichte und Einschätzungen der Helfer erschienen ihr teilweise weniger zuverlässig, *Jan, Miep, Kleiman, Bep und Kugler sind alle in ihren politischen Stimmungen up und down, Jan noch am wenigsten.* Die Stimmung im Hinterhaus hingegen beschrieb Anne als gleich bleibend, wenn auch je nach Naturell unterschiedlich: *Optimisten und Pessimisten, und vor allem die Realisten nicht zu vergessen, geben mit unermüdlicher Energie ihre Meinung zum besten, und wie das mit allem geht, sie denken immer, dass sie recht haben.* Sobald man mit Politik begann, war *sofort […] die ganze Familie mittendrin!* Ab morgens um acht, manchmal früher, wurden die stündlich gesendeten Nachrichten der BBC gehört, aber auch andere Sendungen fanden Gehör im Hinterhaus. Zu viel, wie Anne entnervt fand. Der Streit ließ in der Regel nicht lange auf sich warten. Wenig Verständnis zeigte die bald Fünfzehnjährige, dass die Älteren in der Isolation des Hinterhauses verzweifelt Abwechslung suchten und sich an Neuigkeiten klammerten, die ihrer Situation ein Ende zu machen versprachen.[411]

Annes tägliches Glück hieß Peter, auch wenn sie anfangs nicht wusste, wie stark ihre Zuneigung zu ihm war. Sie war überzeugt, es habe ihn am meisten *überrumpelt*, dass sie *nicht die oberflächliche Anne* war, die er erwartet hatte, *sondern genauso ein verträumtes Exemplar, mit genauso vielen Schwierigkeiten wie er selbst!*[412] Sie blieb sich seiner Gefühle lange unsicher, hatte aber so viel Vertrauen, dass sie, sie *weiß wirklich nicht mehr wie*, im Gespräch bald auch auf *sexuelles Gebiet* kamen. Die Gespräche waren zwar noch *genierlich*, aber auch *toll* und für die weitgehend unaufgeklärte Anne sehr erhellend.[413] Mehrere Seiten füllt die Darstellung der sehr vertrauten Gespräche, ergänzt um die Bemerkung, dass es schon ganz gut sei, dass die anderen davon nichts wussten: *Stell dir vor, die wüssten, dass wir über solche intimen Themen sprechen!*[414] Am 28. März 1944 verbot Edith Frank Anne jedoch vorerst, nach oben zu Peter aufs Zimmer zu gehen.[415]

Noch am Abend desselben Tages elektrisierte Anne eine aus London von «Radio Oranje» übertrage-

> Eine ganze Weile wusste ich überhaupt nicht mehr, wofür ich nun arbeite, das Ende des Krieges ist so entsetzlich weit, so unwirklich, märchenhaft und schön. Wenn der Krieg im September nicht vorbei ist, dann gehe ich nicht mehr zur Schule, denn zwei Jahre will ich nicht zurückkommen. […] Ich muss arbeiten, um nicht dumm zu bleiben, um weiter zu kommen um Journalistin zu werden, denn das will ich.
>
> Anne Frank, 5. April 1944, TGB, S. 658 (a)

ne Rede von Gerrit Bolkestein, in der niederländischen Exilregierung zuständiger Minister für Unterricht, Künste und Wissenschaft. Der hatte dazu aufgerufen, *nach dem Krieg eine Sammlung von Tagebüchern und Briefen von diesem Krieg* [416] einzurichten, wie Anne am Tag darauf notierte. – *Natürlich stürmten sie alle direkt auf mein Tagebuch los*, beschreibt sie die Reaktion der anderen Versteckten. Anne dachte spontan daran, einen «*Roman vom Hinterhaus*» herauszugeben – *nach dem Titel allein würden die Leute denken, dass es ein Detektiv-Roman wäre.* Anne malte sich aus, wie komisch es zehn Jahre nach der Befreiung anmuten müsse, *wenn man erzählt, wie wir als Juden hier gelebt, gegessen und gesprochen haben. Auch wenn ich dir viel von uns erzähle, trotzdem weißt du doch nur ein ganz klein bisschen von unserem Leben.* [417] Am 20. Mai 1944 begann Anne damit, ihre Tagebucheinträge und Briefe für eine spätere Veröffentlichung zu überarbeiten. *Endlich* hatte sie *nach sehr vielen Überlegungen [...] mit meinem «Hinterhaus» angefangen, in meinem Kopf ist es schon so weit fertig, wie es fertig sein kann, aber in Wirklichkeit wird es wohl viel weniger schnell gehen, wenn es überhaupt jemals fertig wird.* [418]

Am 5. April 1944 hatte sie in ihr Tagebuch notiert, dass sie lernen und arbeiten müsse, *um nicht dumm zu bleiben, um weiter zu kommen, um Journalistin zu werden, denn das will ich!* Anne wusste, dass sie *schreiben kann, ein paar Geschichten sind gut, meine Hinterhaus-Beschreibungen humoristisch, viel aus meinem Tagebuch spricht, aber [...] ob ich wirklich Talent habe, das steht noch dahin.* Sie war, wie sie feststellte, selbst ihre *schärfste und beste Beurteilerin hier* und wusste am besten, *was gut und nicht gut geschrieben ist.* Auch wenn Anne darüber nachdachte, dass sie, wenn ihr Talent für den Beruf der Journalistin oder Schriftstellerin nicht ausreichen sollte, immer noch für sich selber schreiben könnte, drängte es sie nach Unsterblichkeit als Schriftstellerin: *Ich kann mir nicht vorstellen, dass ich so leben muss wie Mutter, Frau v[an]. P[els]. und all die Frauen, die ihre Arbeit machen und später vergessen sind, ich muss etwas haben neben Mann und Kind, dem ich mich ganz widmen kann!* Einen fast prophetischen Klang erhalten ihre Worte vor dem Hintergrund ihrer weiteren Geschichte und der ihres Tagebuchs: *Ich will noch fortleben nach meinem Tod!* Anne war ihrem *Gott so dankbar, dass er mir bei meiner Geburt schon eine Möglichkeit mitgegeben hat, mich zu entwickeln und zu schreiben, also um auszudrücken, alles was in mir ist.* [419]

Die bald Fünfzehnjährige war sich der Bedeutung bewusst, die das Schreiben für sie persönlich hatte; mit dem Schreiben wurde sie *alles los, Kummer verschwindet, mein Mut lebt wieder auf!* Und gleichzeitig fragte sie sich, ob ihre Neigung und ihr Talent ausreichten, *noch etwas Großes schreiben [zu] können, werde ich jemals noch mal Journalistin oder Schriftstellerin werden?* Sie war hin und her gerissen: Sie hoffte es so inbrünstig, *denn beim Schreiben kann ich alles festlegen, meine Gedanken, meine Ideale und Phantasien.* Sie zweifelte aber auch an der Welt da draußen, dachte manchmal, *mit 14 Jahren und so wenig Erfahrung kann man auch noch keine Philosophie schreiben. Also nur wieder weiter, mit neuem-Mut, es wird schon gelingen, denn schreiben will ich!* [420]

Innerhalb von zehn Wochen ab Ende Mai 1944 füllte Anne 324 lose Blätter, auf denen sie ihre Tagebucheinträge der Vormonate überarbeitete. [421] So gibt es zu den verschiedenen Daten oft zwei Einträge, einen vom Tag des Eintrags und einen zweiten, überarbeiteten. In der 1986 niederländisch und 1988 deutsch erschienenen wissenschaftlichen Ausgabe der Tagebücher sind diese verschiedenen Versionen aufwendig nebeneinander dokumentiert – die ursprüngliche als Version A und die von Anne selber überarbeitete als Version B. Als Version C wird in der wissenschaftlichen Edition jeweils der Text der von Otto Frank autorisierten ersten Ausgabe wiedergegeben. [422] Allerdings lagen weder für die textkritische Ausgabe noch für die von Annes Vater veröffentlichte Fassung alle Seiten der jeweiligen Versionen vor. Zum Teil sind – etwa für das Jahr 1943 – nur die Seiten der Version B erhalten geblieben. [423] Der Vergleich beider Fassungen lässt Unterschiede erkennen: In den Überarbeitungen der nunmehr fünfzehnjährigen Anne werden ihr nuancierteres Darstellungsvermögen und ihr Gestaltungswille deutlich. Zu Beginn der Zeit im Versteck führte sie ihr Tagebuch im Wesentlichen als Jungemädchen-Tagebuch, später verstand sie sich nun einerseits immer stärker als Chronistin, andererseits aber auch als Schriftstellerin, die den Charakteren mehr Tiefe gab. Als die unter den besonderen Umständen in besonderer Weise gereifte Fünfzehnjährige ihre früheren Eintragungen überdachte und umschrieb, verloren die Texte an kindlicher Naivität, nicht aber an ursprünglicher Unschuld. Älter geworden, ordnete sie die Dinge erzählerisch anders an und ein, versuchte teilweise, das Symptomatische stärker herauszustellen. Sie schrieb nun mit einer Mission. Mit ihrer Überarbeitung kam sie genau bis zum 29. März 1944. Es gibt keine Version B für die Eintragungen danach – vielleicht, weil Anne sie nicht mehr für nötig hielt, da sie seither so schrieb, wie sie schreiben wollte.

Anne berichtete nun auch eingehender über die Beschwernisse des Krieges für die nichtjüdische niederländische Zivilbevölkerung und nahm beispielsweise Schilderungen zur allgemeinen Stimmungs- und Versorgungslage auf. Die Lebensmittelrationen seien keineswegs ausreichend, die lang ersehnte Invasion der Alliierten ließe schon viel zu lange auf sich warten, die Männer würden zum Arbeitseinsatz nach Deutschland gebracht und die Zurückgebliebenen, vor allem aber die Kinder, litten unter der Mangelwirtschaft, seien oft krank, sogar unterernährt und oft schlecht gekleidet. Einen Schuh besohlen zu lassen, schrieb Anne etwa, kostete im März 1944 illegal 7,50 Gulden.[424] Ein hoher Preis! Was Anne nicht wusste: Dies war draußen auch der Preis für ein Menschenleben – so viel erhielten Denunzianten von den Deutschen als Fangprämie je verratenem Juden (dieser Betrag wurde,

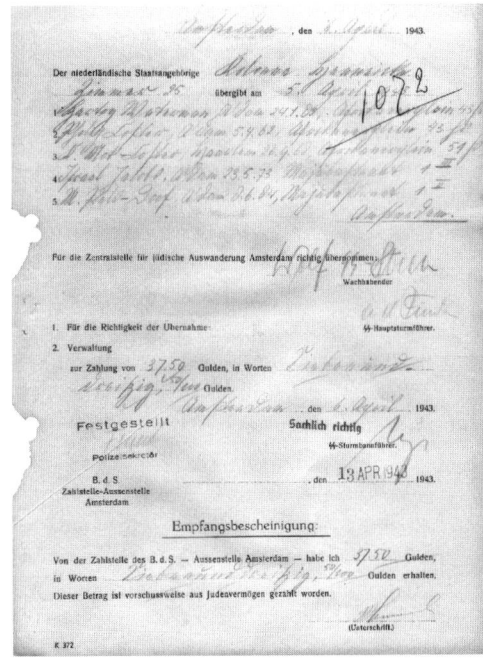

Quittung für die Summe von 37,50 Gulden – die Belohnung für die Denunziation von fünf untergetauchten Juden an die deutsche Polizei

wie die in solchen Fällen ausgestellte Quittung bezeugt, «vorschussweise aus Judenvermögen gezahlt»).[425] Anne vermerkte Ende des Monats die deutsche Besetzung Ungarns und kommentierte lakonisch: *[…] dort gibt es noch 1 Million Juden, die werden nun auch wohl draufgehen!*[426]

Am 9. April sorgte ein erneuter Einbruch für erhebliche Beunruhigung. Um halb zehn drangen wieder verdächtige Geräusche aus den Lagerräumen nach oben. Otto Frank, Fritz Pfeffer, Peter und Hermann van Pels schlichen nach unten. Margot, Anne und Edith Frank blieben mit Auguste van Pels in Unsicherheit zurück. Gegen zehn Uhr hörten sie *Schritte auf der Treppe, Vater, blass und nervös, kam herein, gefolgt von Herrn v. P. «Licht aus, leise nach oben, wir erwarten Polizei im Haus!»* Im Haus war es nun ruhig, aber vor dem Aktenschrank, der den Übergang zum Hinterhaus tarnte, brannte Licht. *Drei Dinge taten wir nun, Vermutungen äußern, Angst haben und zittern, und Numero 3 war zum WC müssen. Eimer waren auf dem Dachboden, nur der blecherne Papierkorb von Peter konnte dienen.* Bis in die Morgenstunden verharrten die Versteckten bewegungslos und stumm. Danach entbrannten Diskussionen, das Radio müsse weg, aber Hermann van Pels wandte ein, *«wenn sie uns finden, dürfen sie auch das Radio finden.»* – *«Dann finden sie auch Annes Tagebuch»*, bemerkte Otto Frank, und jemand schlug vor, es doch zu verbrennen. *Das und als die Polizei an der Tür rüttelte, waren meine angstvollsten Augenblicke, mein Tagebuch nicht, mein Tagebuch nur zusammen mit mir! Aber Vater antwortete nicht mehr, zum Glück!* Die Gespräche kreisten um Flucht, Gestapo-Verhöre und die Notwendigkeit, den Mut nicht zu verlieren. Die Männer rauchten nervös, und alle lauschten angestrengt nach Geräuschen. Schließlich stahl sich jemand hinunter und verständigte Kleiman; die Versteckten waren sich sicher, dass nicht nur Diebe, sondern auch die Polizei im Vorderhaus bis zum Aktenschrank vorgedrungen war, Jan Gies sollte nach dem Rechten sehen. Tatsächlich kamen Jan und Miep Gies – wieder von der Angst begleitet, es könnte die Polizei sein. Sie fanden heraus, dass der Nachtwächter nach dem Einbruch auf ein Loch in der Tür aufmerksam geworden war und mit einem Polizisten das Haus inspiziert hatte. Vermutlich waren die Einbrecher von dem Gemüsehändler van Hoeven aufgeschreckt worden, der bei einem abendlichen Spaziergang mit seiner Frau ebenfalls auf das Loch aufmerksam geworden war und mit einer Taschenlampe hineingeleuchtet hatte, was sie wahrscheinlich zur Flucht veranlasst hatte. «*Zur Sicherheit*», erklärte van Hoeven Jan Gies fast beiläufig, «*habe ich die Polizei aber nicht angerufen, da ich das bei Ihnen nicht wollte, ich weiß wohl nichts, aber ich vermute viel.*» Durch diesen Vorfall wurden die Untergetauchten *sehr stark daran erinnert, dass wir uns verstecken, dass wir gefesselte Juden sind, gefesselt an einen Fleck, ohne Rechte, mit Tausenden Pflichten.* In dieser Nacht wäre Anne bereit gewesen zu sterben, und da sie nun vorerst gerettet war, träumte sie davon, nach dem Krieg auch formal Niederländerin zu werden. Und angesichts der gerade durchlittenen Angst ging ihr das Herz über: *Ich weiß, was ich will, habe ein Ziel, habe eine Meinung, habe einen Glauben und eine Liebe. Lasst mich ich selbst sein, dann bin ich zufrieden. Ich weiß, dass ich eine Frau bin, eine Frau mit innerer Stärke und viel Mut. Sie will in der Welt und für die Menschen arbeiten, will nicht unbedeutend bleiben.*[427] Nur wenige Tage später drohte jedoch erneut die Entdeckung, diesmal durch eine Unachtsamkeit von Peter van Pels. Er hatte vergessen, frühmorgens die Tür des Vorderhauses zu entriegeln, sodass Victor Kugler und die Angestellten nicht in das Haus kamen. Kugler entschloss sich, den Chef der benachbarten Firma um Hilfe zu bitten, der über eine Leiter in das Hinterhaus einzudringen versuchte. Das Unglück wollte, dass Annes Zimmerfenster offen stand, es blieb aber selbst mit der Leiter unerreichbar. So wählte er das Fenster der Angestelltenküche darunter, schlug die Scheibe ein, stieg ein und entriegelte die Tür von innen. Peter machte sich schwere Vorwürfe, und Anne hatte großes Mitleid mit ihm. Abends besuchte Anne Peter noch einmal, und dicht an dicht saßen sie beieinander – wie so oft, nur etwas dichter. Bevor sie auseinander gingen, gab Peter Anne einen Kuss, halb auf die Wange, halb aufs Ohr. Das erst machte diesen Tag, so Anne, *sehr wichtig in meinem Leben. Ist es nicht für jedes Mädchen wichtig, wenn sie ihren ersten Kuss bekommt?*[428]

Oh Anne, wie skandalös; aber wirklich, ich finde es nicht skandalös: wir sind hier eingesperrt, abgeschlossen von der Welt, in Angst und Sorge, in der letzten Zeit ganz besonders, warum sollten wir, die wir einander lieben, dann von einander fernbleiben? Warum sollten wir in diesen Zeiten einander keinen Kuss geben? Warum sollten wir warten, bis wir das passende Alter haben? Warum sollten wir viel fragen?[429]

Aber Anne fragte sich weiter, immer wieder: *Ist es richtig?* Durfte sie in ihren Gefühlen so *heftig*, so *nachgebend*, selber so *verlangend* sein? Durfte ein Mädchen, durfte sie sich *so gehen lassen?* Sie fürchtete sich vor sich selbst, zweifelte, ob sie nicht zu jung oder aber zu reif für ihr Alter sei. Anne hatte *Angst, dass ich in meinem Verlangen mich zu schnell weggebe, wie kann das später mit anderen Jungen dann gut gehen?*[430] Ihr mit Andeutungen ins Vertrauen gezogener Vater zeigte sich verständnisvoll und besorgt zugleich und riet, dass sie Peter etwas weniger oft besuchen solle. Anne aber ließ sich *nicht sanft von oben weghalten* und forderte ihren Vater auf, ihr *durch dick und durch dünn* zu vertrauen oder ihr den Kontakt eben zu verbieten. Otto Frank schwieg dazu. Anne machte sich Vorwürfe und war sich doch sicher: Peter *liebt mich, ich liebe ihn.*[431]

Der Krieg zog sich weiter hin. Immer wieder diskutierten die Versteckten, wofür dieser Krieg nützlich sei, warum *alles verwüstet werden* müsse, *aber entscheidende Antworten*, notierte Anne am 3. Mai 1944, fast auf den Tag genau ein Jahr vor der Befreiung der Niederlande, *hat bis jetzt keiner gefunden.* Die fast Fünfzehnjährige bezweifelte, *dass Krieg nur von den großen Männern kommt, oh nein, der kleine Mann macht es genauso gerne, sonst würden die Völker doch schon längst dagegen aufgestanden sein!* Es klang fast nach Sigmund Freud, wenn sie behauptete, es bestehe nun einmal ein menschlicher *Drang zum Vernichten, ein Drang zum Totschlagen, zum Ermorden und rasend sein*, und wenn die Menschheit sich nicht grundsätzlich ändere, werde alles immer so weitergehen. Trotz aller zeitweiligen Niedergeschlagenheit versuchte das Mädchen, der nur allzu verständlichen Gründen entspringenden Verzweiflung zu trotzen.[432] Anne gab sich dem Gedanken hin, nach dem Krieg auf ein Jahr nach Paris oder London zu gehen, *um die Sprache zu lernen und Kunstgeschichte zu studieren*, während Margot *Säuglingsschwester in Palästina werden will.*[433] Radio Oranje machte weiter Mut.[434] Peter war noch immer schüchtern, wurde beim abendlichen Gutenachtkuss seiner Freundin Anne rot *und bettelt einfach um noch einen.* Nach ihrer *mühsamen Eroberung* stand Anne nach eigenem Bekunden *ein bisschen über der Situation*, ohne dass jedoch die Liebe wirklich abgeflaut wäre – *aber mein Inneres habe ich schnell wieder zugeschlossen, wenn er jetzt noch mal das Schloss aufbrechen will, muss das Brecheisen schon stärker sein.*[435]

Anne hörte und berichtete von einem neu aufkeimenden Antisemitismus, selbst in niederländischen Widerstandskreisen, und sah *die alte Weisheit bestätigt [...]: Was ein Christ tut, das muss er selbst verantworten, was ein Jude tut, fällt auf alle Juden zurück.* Das Mädchen hoffte weiter, dass es für sie eine Zukunft in den Niederlanden geben könnte.

Am Morgen des 25. Mai 1944, an einem Donnerstag, wurde Gemüsehändler van Hoeven verhaftet, der zwei Juden versteckt gehalten hatte. Alle drei kamen ins Konzentrationslager, und Miep Gies musste sich nach einer neuen Quelle für Gemüse umsehen. Anne wusste: *Das wird Hungern werden, aber alles ist nicht so schlimm wie entdeckt werden.*[436] Anne fühlte sich *so elend wie seit Monaten nicht,* schuld waren die ausbleibende Invasion der Alliierten, die verschlechterte Ernährungslage, daraus resultierende Spannungen und Stimmungseinbrüche unter den Mitbewohnern. Zermürbt warteten sie, und ihre eigene Frage, *ob es nicht besser für uns alle gewesen wäre, wenn wir nicht untergetaucht wären, wenn wir nun tot wären und dieses Elend nicht mitmachten und vor allem den anderen – ihren Helfern – ersparten,* beantwortete sie mit einem Bekenntnis zum Weiterleben, denn *wir lieben das Leben noch, wir haben die Stimme der Natur nicht vergessen, wir hoffen noch, hoffen auf alles.* Nach den Einbrüchen kamen die Helfer nun auch an den Wochenenden und Feiertagen, als «*Versteckbewacher*». Pfingsten 1944 war es ausgesprochen warm in Amsterdam, und besonders unterm Dach. Die Hitze wich dem Regen.

Endlich: 6. Juni. «*This is the day,*» sagte um 12 Uhr das englische Radio, und zurecht, «*this is the day*», die Invasion hat begonnen! D-Day! Neue Hoffnungen, erst einmal zurückhaltend: *Beschluss vom Hinterhaus um 9. Uhr beim Frühstück: Dies ist eine Probelandung, genau wie vor zwei Jahren bei Dieppe.* Um zehn Uhr sendet BBC die Nachricht in deutscher, niederländischer und französischer Sprache – *Also die ‹echte› Invasion.*[437]

Das Hinterhaus ist im Aufruhr. Sollte denn nun wirklich die lang ersehnte Befreiung nahen, die Befreiung, über die so viel gesprochen wurde, aber die doch zu schön, zu märchenhaft ist, um je wirklich werden zu können. Sollte dieses Jahr, dieses 1944 uns den Sieg schenken? Wir wissen es auch jetzt noch nicht, aber die Hoffnung, diese bringt Leben, die macht uns wieder mutig, die macht uns wieder stark.
Anne Frank, TGB, S. 757 (a)

Die Hoffnungen dieser Tage gingen so weit, dass Margot meinte, vielleicht könne Anne doch schon im Herbst wieder zur Schule gehen. Ende des Jahres müsse der Krieg beendet sein, es werde wirklich Zeit.[438] Annes Empfindungen für Peter waren derweil abgekühlt; in seinem geringschätzigen Reden über religiöse Dinge erkannte sie Armut und Verlassenheit, die sie schmerzten.[439] Anne, die sich schon länger mit der Frage beschäftigte, wie anders ihr Leben aussehen sollte als das ihrer Mutter, überlegte nun grundsätzlicher, warum *die Frau bei den Völkern einen so viel geringeren Platz einnimmt als der Mann* und hoffte auf eine Veränderung *im Lauf des nächsten Jahrhunderts.*[440] Sie freute sich an den spärlichen Natureindrücken, an Mondlicht, blauem Himmel und der frischen Luft, die selten genug durch das Dachbodenfenster drang, und sehnte sich nach mehr davon.[441] Die Nachrichten gaben den Hoffnungen auf Freiheit neue Nahrung – der Fortgang der alliierten Offensive im Westen, der Beginn der sowjetischen Sommeroffensive am 22. Juni 1944 im Osten – Otto Frank und Hermann van Pels waren überzeugt: *[...] wir [sind] am 10. Oktober bestimmt frei. – Die ganze Stimmung ist umgeschlagen, es geht enorm gut.*[442] Das schlechte, stürmische Wetter tat weder dem alliierten Vormarsch noch der gehobenen Stimmung im Hinterhaus Abbruch.[443] Am Samstag, dem 8. Juli, kochten die Hinterhausbewohner Erdbeeren ein und ließen zeitweilig einiges von der gewohnten Vorsicht fahren.[444] Anne dachte wieder mehr über ihr Verhältnis zu ihren Eltern und Peter nach; sie äußert große Erwartungen und nannte als einen eigenen *stark ausgeprägten Charakterzug, der jedem, der mich länger kennt, auffallen muss,* ihre Selbsterkenntnis. Tatsächlich ging sie mit sich genauso streng ins Gericht wie mit den anderen. Die bald Fünfzehnjährige begriff sich als *ein Bündelchen Widerspruch* – einerseits, weil sie vielfach Dinge nicht unwidersprochen stehen lassen wollte; andererseits gab es in ihr den Widerspruch zwischen einer lebenslustigen, fröhlichen, spöttischen und zuweilen oberflächlichen Anne, die der empfindsamen, reflektierten und ruhigen Anne immer wieder zuvorkam.[445] *Es ist ein großes Wunder,* notierte Anne, *dass ich nicht all meine Erwartungen aufgegeben habe, denn sie scheinen absurd und unausführbar.* Dann formulierte Anne einen Satz, der das Bild von ihr später in besonderer Weise prägen sollte: *Trotzdem halte ich sie fest, trotz allem, weil ich noch immer an die innere Güte der Menschen glaube.* Dabei blieb sie hin und her gerissen, sah sie einerseits, *wie die Welt langsam immer mehr in eine Wüste verwandelt wird, ich höre den anrollenden Donner immer lauter, der auch uns töten wird, ich fühle das Leid von Millionen Menschen mit* – und andererseits hoffte sie, *dass auch diese Härte aufhören wird, dass wieder Ruhe und Frieden in die Weltordnung kommen wird.*[446] Am 21. Juli 1944 notierte Anne, dass auch sie jetzt hoffnungsvoll werde, *nun endlich geht alles gut. Ja, wirklich, es geht gut!* Wenn auch missglückt, weckte das Attentat auf Hitler neue Hoffnungen, und Anne war *viel zu fröhlich, um logisch zu sein, in der Aussicht, dass ich im Oktober wohl wieder mal auf der Schulbank sitzen können würde!* [447] Zwei Tage nach diesem Eintrag befreite die Rote Armee das Konzentrations- und Vernichtungslager Majdanek bei Lublin.

DIE VERHAFTUNG

Der 4. August 1944, ein Freitag, war ein schöner, warmer Sommertag. Wie an solchen Tagen üblich, waren die Türen des Lagers im Erdgeschoss, in dem Willem Geraard van Maaren und Lammert Hartog arbeiteten, weit geöffnet. Während Miep Gies – wie üblich – ihre Stippvisite bei den Versteckten im Hinterhaus absolvierte, muss jemand die Telefonnummer des «Judenreferats» beim deutschen «Sicherheitsdienst» in der Euterpestraat gewählt haben. Bis heute ist unklar, wer die Versteckten verraten hat – van Maaren war später verdächtigt worden, Lammert Hartog und seine Frau, auch ein niederländischer Nazi in der Nachbarschaft –, hieb- und stichfeste Beweise, eine Telefonnotiz etwa oder eine Quittung über das «Kopfgeld» für den Verrat, ließen sich in all den Jahrzehnten, die seitdem vergangen sind, nicht finden. Jedenfalls machte sich SS-Oberscharführer Karl Silberbauer in Begleitung niederländischer Mitarbeiter des «Judenreferats» des SD sofort auf, der Anzeige nachzugehen, wonach in dem Haus in der Prinsengracht Juden versteckt seien.

Gegen halb elf hielt der Wagen in der Prinsengracht unmittelbar vor dem Haus mit der Nummer 263. Silberbauer trug Uniform, die Niederländer Zivil. Van Maaren wies den Polizisten auf eine Frage hin mit einer Kopfbewegung den Weg nach oben. Einer der niederländischen SD-Männer öffnete mit gezogener Pistole die Tür zum vorderen Büro. «Sitzen bleiben, verhalten Sie sich ruhig», fuhr

Der von Bep Voskuijls Mann geschreinerte Aktenschrank vor dem Übergang ins Hinterhaus. Aufnahme von 1954

er Miep Gies, Bep Voskuijl und Johannes Kleiman mit vorgehaltener Schusswaffe an. «Bep, wir sind dran», raunte Miep ihrer Kollegin zu.[448] Nach einer Inspektion des Vorderhauses, während derer sie Victor Kugler mit Fragen zusetzten wie «Wem gehört dieses Haus?», «Wer ist hier der Chef», gingen die Männer zielstrebig zu dem Regal, hinter dem der Übergang ins Hinterhaus versteckt war und forderten Kugler auf, die Tür dahinter zu öffnen. Als der sich dumm stellte – «Aber das ist doch nur ein Regal!» –, wurden die Eindringlinge böse. Ungeduldig schob Silberbauer das Regal beiseite und öffnete damit die Geheimtür. Zuerst stießen die Polizeikräfte im ersten Stock auf Edith, Margot und Anne Frank, dann im Geschoss darüber auf das Ehepaar van Pels und Fritz Pfeffer. Zuletzt kamen sie in Peters Zimmer an, wo Otto Frank mit dem Jungen Englisch übte. Sie mussten die Hände heben und wurden nach Waffen abgetastet. Silberbauer fragte mit gezogener Schusswaffe, wie Otto Frank sich später erinnerte, «in einem kurzen, schroffen Kommandoton [...], wo unser Geld und unser Schmuck seien»[449]. Um sein Diebesgut zu verstauen, leerte Silberbauer eine in einem

der Räume herumstehende Aktentasche, deren Inhalt auf den Boden fiel, darunter Annes Tagebuch (*Mein Tagebuch nur zusammen mit mir!* hatte Anne vier Monate zuvor hineingeschrieben ...[450]). Während die niederländischen Polizisten das Hinterhaus weiter nach Wertsachen und Geld durchsuchten, erhielten die acht Versteckten Gelegenheit, etwas Kleidung und Waschzeug zusammenzusuchen. Sie griffen nach ihren Rucksäcken, die für den Fall bereitgestanden hatten, dass ein nächtlicher Bombentreffer eine überhastete Flucht nötig machte. Da die Männer vom SD offenbar durch die Zahl der zu Verhaftenden überrascht waren, wurde telefonisch ein weiteres Auto bestellt, das die acht Versteckten und ihre Helfer Kleiman und Kugler mitnehmen sollte. Erst als der aus Österreich stammende SD-Beamte entdeckte, dass Otto Frank eine Armeekiste aus dem Ersten Weltkrieg besaß und zu seinem Erstaunen erfuhr, dass Otto Frank den Rang eines Reserveleutnants der deutschen Armee bekleidete, wurde der Umgangston ziviler. «Auf einen Schlag», beschrieb der einzige Überlebende der Versteckten später, «veränderte sich die Haltung Silberbauers. Es sah sogar fast so aus, als wollte er vor mir Haltung annehmen.» [451] Silberbauer zeigte sich erstaunt, dass die Franks sich nicht gemeldet hatten, als Kriegsteilnehmer wäre Otto Frank mit seiner Familie doch «nur» nach Theresienstadt geschickt worden – was aber für viele der dorthin Deportierten den Tod bedeutete. Er konnte kaum glauben, dass sich die Familie zwei Jahre und dreißig Tage im Hinterhaus verborgen gehalten hatte, ließ sich aber von Otto durch die mit Datum versehenen Striche an einem der Türrahmen überzeugen, die das Wachstum der beiden Töchter dokumentierten.

Silberbauer ging nach unten, ins Vorderhaus, wo er Kleiman verhörte und ihm die Schlüssel für das Gebäude abnahm, die Miep Gies ausgehändigt wurden. Bep Voskuijl war es unterdessen gelungen, das Haus zu verlassen. Kleiman hatte ihr in einem unbemerkten Moment seine Brieftasche mit der Bitte zugesteckt, sie seiner Frau zu bringen. Vorher war es Miep Gies gelungen, ihren Mann Jan abzufangen, ihm die gefälschten Lebensmittelkarten zu geben und ihn fortzuschicken. Sie selber blieb. «Jetzt sind Sie dran», herrschte Karl Silberbauer Miep Gies in dem ihr vertrauten Wiener Dialekt an. Sie «sah ihm gerade in die Augen und sagte auf Deutsch: ‹Sie sind doch Wiener. Ich bin auch aus Wien.›»

Dies war sicher nicht die erste Verhaftung, die Silberbauer vorgenommen hatte, aber die überraschend hohe Zahl der Entdeckten, ihre lange Verweildauer im Versteck und die Tatsache, dass Otto Frank im Ersten Weltkrieg für Deutschland gekämpft hatte, all das durchbrach die Routine. Und nun noch das – er explodierte. Er ließ sich ihre Kennkarte zeigen, schickte seinen niederländischen Mitarbeiter aus dem Zimmer, fragte Miep Gies, ob sie sich nicht schäme, «diesem Judenpack zu helfen», beschimpfte sie als Verräterin und drohte mit schärfster Bestrafung. Plötzlich machte er «auf dem Absatz kehrt und fragte: ‹Was soll ich denn nur mit Ihnen anfangen?›» Was er dachte, so Miep Gies später, «stand ihm ins Gesicht geschrieben: Da stehen sich nun zwei Menschen gegenüber, die aus e i n e m Land, aus e i n e r Stadt stammen. Der eine macht Jagd auf Juden, und der andere beschützt sie.» Silberbauer musterte sie genau und sagte schließlich: «Aus persönlicher Sympathie … von mir aus können Sie bleiben. Aber gnade Ihnen Gott, wenn Sie türmen. Dann holen wir Ihren Mann ab!» [452]

Gegen ein Uhr kam der zweite Wagen. Miep Gies hörte «tappende Schritte», die die schmalen Treppenstufen herunterkamen. «Die Schritte unserer Freunde. Sie verrieten mir, dass sie sich mit letzter Kraft nach unten schleppten.»[453] Die acht Untergetauchten und ihre Helfer Kleiman und Kugler mussten die vor der Tür geparkte «Grüne Minna» besteigen, die sie in das Amsterdamer SD-Gebäude in der Euterpestraat brachte.

Beklemmende Stille kehrte in das Haus ein. Miep Gies war im Büro geblieben, und später kehrten Bep Voskuijl und Mieps Mann Jan Gies zurück. Gemeinsam mit van Maaren, dem Silberbauer die Schlüssel des Hauses ausgehändigt hatte und der beteuerte, er habe von alledem nichts gewusst, gingen sie nach einigen Stunden, als die Rückkehr der SD-Leute immer unwahrscheinlicher geworden war, in das leere Hinterhaus. Silberbauer und seine Helfer hatten bei ihrer Suche nach Wertsachen und Geld ein heilloses Chaos hinterlassen. Auf dem Boden im Zimmer der Franks lagen Bücher und Berge von Papier, darunter ein Buch mit «rot-orange-grau kariertem Leineneinband – Annes Tagebuch». Bep Voskuijl hob es auf, und gemeinsam mit Miep Gies sammelten sie hastig andere Papiere auf, die die Handschrift Annes trugen, und die Kontobücher, die sie als Tagebuch benutzt hatte.

Jan Gies kümmerte sich um Bücher, die zum Teil aus der Leihbücherei stammten und die als Beweisstücke gegen die Ausleihenden hätten verwendet werden können. Van Maaren stand währenddessen «verlegen in der Tür». Sie trugen ihre Funde ins Vorderhaus, und Miep Gies legte die Papiere mit den Worten «Ich werde alles sicher aufbewahren für Anne, bis sie zurückkommt» in eine Schublade ihres Schreibtischs im vorderen Büro.

Am nächsten Morgen kehrte Miep Gies in ihr Büro zurück. Mehrere Handelsvertreter der Firma, die von den Versteckten nichts wussten, trafen dort ein, und Miep Gies informierte sie von den Ereignissen des Vortags. Einer schlug vor, sie solle versuchen, die Deutschen zu bestechen und die Franks, das Ehepaar van Pels, Fritz Pfeffer, Kugler und Kleiman freikaufen. «Wir wissen doch alle», argumentierte er, «dass der Krieg sich seinem Ende nähert.» Das «Kriegsglück» habe sich offensichtlich gegen die Nazis gewandt, und der Vertreter, der dies vorbrachte, war selber Mitglied der niederländischen Nazipartei. «Die Deutschen wollen nach

Hause. Sie haben es satt. Wenn sie abziehen, möchten sie auch was mitnehmen, zum Beispiel viel holländisches Geld.» Sie solle doch den Wiener, Silberbauer, aufsuchen und fragen, was er für die Freilassung haben wolle. Miep Gies dachte daran, dass Otto Frank einmal gesagt hatte, dieser Vertreter sei im Grund seines Herzens kein Nazi, man könne ihm vertrauen, und nun bot er noch an, eine Geldsammlung zu veranstalten, denn «Herr Frank war so beliebt», und er war sich deshalb sehr sicher, «ein stattliches Sümmchen» zusammenzukriegen, das man dem Österreicher anbieten könne. Miep Gies willigte ein und unternahm unter höchstem Risiko für ihr eigenes Leben einen letzten Versuch, den Menschen, denen sie sich so sehr verpflichtet fühlte, zu helfen. Sie rief Silberbauer an und bat ihn dringend um eine Unterredung. Der bestellte sie für den folgenden Montagvormittag um neun Uhr. Pünktlich suchte Miep Gies den Sitz des SD am Morgen des 7. August auf, in dem es von Deutschen in Uniform nur so wimmelte, und fragte sich zu Silberbauer durch. Als sie ihn in seinem Büro nicht allein vorfand, versuchte sie ihn durch eine Geste – das Aneinanderreiben von Daumen, Zeige- und Mittelfinger, «das Zeichen für Geld» – auf ihr Ansinnen aufmerksam zu machen. Silberbauer verstand. «Heute kann ich nichts für Sie tun. Kommen Sie morgen früh Punkt neun wieder», entgegnete er und senkte den Blick – Miep Gies «war abgefertigt». Am nächsten Tag eröffnete ihr der SS-Oberscharführer, er könne – «Befehl von oben. Mir sind die Hände gebunden» – «nicht so freizügig verfahren», wie er selber wolle und verwies sie an seinen Vorgesetzten. Als sie entschlossen dessen Büro betrat, überraschte sie eine Gruppe hoher SS-Führer, die vor dem Radio saßen und verbotenerweise BBC hörten – das Attentat auf Hitler lag kaum drei Wochen zurück, in Warschau tobte seit einer Woche der Aufstand, die Alliierten bereiteten die Landung in Südfrankreich vor, offenbar trauten die Herren den eigenen Sendern nicht mehr ganz. Miep Gies brachte noch die Frage heraus, wer hier der Vorgesetzte sei. Einer der Männer erhob sich, schnauzte «Schweinehund» und schubste sie zur Tür hinaus. Er musterte sie, drehte sich um und schlug ihr die Tür vor der Nase zu. Das Unglaubliche geschah, sie konnte unbehelligt gehen. Miep Gies traf auf Silberbauer, der sie anherrschte, sie solle sich schleunigst davonmachen.[454] Miep Gies kehrte an ihren Arbeitsplatz in der Prinsengracht zurück, wo Silberbauer von Zeit zu Zeit kontrollierte, ob sie noch da war. Deshalb wagte sie es nicht, noch einmal ins Hinterhaus zu gehen, obwohl sie der Gedanke quälte, «dass bestimmt noch weitere Tagebuchblätter auf dem Fußboden im Versteck liegen geblieben waren». Bevor – wie in solchen Fällen üblich – der Wagen der Spedition Puls kam, um das «jüdische Eigentum» zur weiteren Verwendung im Reich abzutransportieren, bat sie van Maaren, die Spediteure zu begleiten und so zu tun, als wolle er beim Aufräumen behilflich sein. Dabei sollte er auf dem Boden verstreute Papiere aufsammeln und mit nach unten nehmen. Van Maaren willigte ein und übergab ihr, nachdem das Hinterhaus geräumt worden war und ein voll beladener Laster die Prinsengracht verlassen hatte, einen weiteren Stapel eng beschriebener Seiten von Annes Hand, die Miep Gies unbesehen zu den anderen legte.[455] *Mein Tagebuch nur zusammen mit mir!* [456]

Anne und ihre Familie, das Ehepaar van Pels und ihr Sohn Peter sowie Fritz Pfeffer wurden noch am 4. August, dem Tag ihrer Verhaftung, von den mit ihnen verhafteten Helfern Kugler und Kleiman getrennt. Die nichtjüdischen Helfer kamen ins Untersu-

Lastwagen der Firma A. Puls, die im Auftrag der Deutschen die Häuser der deportierten Juden ausräumte und deren Besitz nach Deutschland verschickte

chungsgefängnis Amstelveenseweg, Anne und die anderen in die Haftanstalt in der Weteringschans. Über die Haftbedingungen, die Verhöre, denen sie ausgesetzt waren, ist nichts bekannt. Am 8. August verließen sie Amsterdam.

Mit ihrer Verhaftung am 4. August 1944 verstummt Anne Frank für uns. Das wenige, was wir von ihr aus den folgenden Monaten wissen, erfahren wir nicht mehr von ihr selbst, sondern von anderen. Das Tagebuch, dem sie sich anvertraut hatte, lag unabgeschlossen und doch beendet für Monate in einer Schublade in Amsterdam.

WESTERBORK

Anne, Margot, Edith und Otto Frank, Auguste, Hermann und Peter van Pels und Fritz Pfeffer wurden am 8. August 1944 unter strenger Bewachung vom Amsterdamer Hauptbahnhof in einem Personenzug in das «Durchgangslager Westerbork» gebracht. Janny Brilleslijper, die dreizehn Jahre älter als Anne war und mit dem selben Transport Amsterdam verließ, erinnerte sich später, dass Anne und Margot, die sie bis dahin nicht kannte, «sportlich aussahen,

Westerbork
Im Herbst 1939 als «Zentrales Flüchtlingslager» für jüdische Flüchtlinge aus Deutschland errichtet und von niederländisch-jüdischen Hilfsorganisationen finanziert, blieb das Lager mit seinen damals etwa 750 deutschen Bewohnern auch nach dem deutschen Einmarsch zunächst unter niederländischer Kontrolle.
Im Juli 1942 übernahm die deutsche Sicherheitspolizei das Lager, das in kürzester Zeit zum «Durchgangslager» umfunktioniert wurde. Ziel der Transporte, die angeblich «zum Arbeitseinsatz im Osten» führten, waren die Vernichtungslager und Ghettos im Osten, vor allem Auschwitz, Sobibor und Theresienstadt.
Ab Anfang Februar 1943 gingen die Transporte von Westerbork in wöchentlichem Rhythmus ab: Jeden Dienstag verließ ein Zug – meist waren es Güterzüge – mit durchschnittlich 1000 Menschen das Lager. Bis zur Befreiung des Lagers durch kanadische Truppen hatten über 100 000 Juden und 245 Sinti und Roma das Lager «durchlaufen». Danach wurde Westerbork als Internierungslager für Kollaborateure, vor allem für Mitglieder der niederländischen Nazipartei «NSB», genutzt. Seit 1983 befindet sich auf dem Gelände eine Gedenkstätte, die an die Schrecken der deutschen Besatzungszeit erinnert.

[www.westerbork.nl]

mit Trainingsanzügen und Rucksäcken, als ob sie in den Winterurlaub fahren würden. Es war eine etwas unwirkliche Situation, die Stille des Morgens und die Menschen, die alle in den Zug gebracht wurden.» [457]

«Als wir in Westerbork ankamen», berichtete Janny weiter, «waren wir alle schrecklich aufgeregt, denn schließlich wussten wir nicht, wo es hinging.» [458]

Anne und die mit ihr Versteckten wussten spätestens seit Herbst 1942 Bescheid. Damals hatte Anne notiert, dass Miep Gies von jemandem erzählt habe, dem die Flucht aus Westerbork gelungen war und dass *es dort schrecklich* sei – so schrecklich, dass sie sich fragte, *wenn es dort schon so schlimm ist, wie muss es dann wohl in Polen sein?* Schließlich bekämen die Menschen dort *fast nichts zu essen geschweige denn zu trinken, denn sie haben nur 1 Stunde pro Tag Wasser und 1 WC und ein Waschbecken für ein paar 1000 Menschen* [459], und später ergänzte sie: *Fliehen ist fast unmöglich, die Menschen sind alle gebrandmarkt durch ihre geschorenen Köpfe.* [460]

«Raum und Zeit sind aufgehoben, der Mensch lebt vor dem Hintergrund des Nichts», hatte Philip Mechanicus, einer der Insassen und Chronisten des «Durchgangslagers Westerbork», bereits im Sommer 1943 geschrieben. [461] Einerseits schienen die dortigen Verhältnisse bei weitem nicht so schrecklich, wie Anne sie beim Abfassen ihres Tagebucheintrags vom Herbst 1942 vor Augen gestanden hatten. Die Deutschen duldeten und förderten zur Täuschung aller über den Charakter des Lagers über Monate das Entstehen eines regelrechten Unterhaltungsbetriebs unter Leitung des damals weithin bekannten Kabarettisten Willy Rosen. Regelmäßige Kabarett-Vorstellungen, Revuen und «Bunte Abende» standen auf dem Programm. Einem Boxwettkampf im Lager hatte im September 1943 sogar SS-Hauptsturmführer Ferdinand aus der Fünten vergnügt beigewohnt, der als Leiter der «Zentralstelle für Jüdische Auswanderung in den Niederlanden» für die Deportationen der Juden aus dem besetzten Land verantwortlich war. [462] Sonntags abends spielte die «Gruppe Musik – Lager Westerbork» im Café auf, das in einer Ecke einer der großen Baracken im Herbst 1943 eingerichtet worden war. Und am Dienstag ging dann wieder ein Transport mit seiner menschlichen Fracht auf die Reise in Richtung Osten. Ein seltsames Nebeneinander von hoff-

Das Lager Westerbork, aus dem die niederländischen Juden
in die deutschen Konzentrations- und Vernichtungslager
transportiert wurden

nungsloser Verzweiflung, Not, Abschiednahme und Täuschung,
Verdrängung und Überlebenswillen. Mit Befehl vom 3. August
1944 machte Lagerkommandant Albert Konrad Gemmeker, von
dem es heißt, «nichts konnte seinen Ärger mehr wecken als ein
unordentlicher Transport»[463], dieser Scheinwelt zumindest teilweise ein Ende, Orchester und Theater wurden aufgehoben.[464]
Fünf Tage später trafen die Verratenen aus dem Hinterhaus in
Westerbork ein. Zu diesem Zeitpunkt hatten die meisten niederländischen Juden das Lager auf dem Weg in die Vernichtungslager
bereits «durchlaufen».

Insgesamt verließen 103 Transporte das Lager, davon 68 nach
Auschwitz, 19 nach Sobibor, sieben nach Theresienstadt und neun
nach Bergen-Belsen.[465] Anne und die anderen sieben wurden als
«Straffälle» geführt und einer «Strafbaracke» zugeteilt, weil sie
sich durch ihr Untertauchen der «ordentlichen» Deportation entzogen hatten. Deshalb durften sie auch ihre eigene Kleidung nicht
behalten, sondern erhielten blaue Overalls mit einer auffälligen

roten Kennzeichnung und Holzschuhe, und den Männern wurden die Köpfe kahl geschoren.[466] Die Frauen mussten Batterien mit Hammer und Meißel aufstemmen und in ihre Einzelteile zerlegen, was keine schwere, aber schmutzige Arbeit war. Immerhin konnte man, so Janny Brilleslijper, miteinander reden – die Arbeit war derart öde, «dass man leicht Gedanken austauschen konnte. [...] Es wurde viel geredet, es wurde gelacht.»[467] Edith Frank wirkte für die ebenfalls in Westerbork gefangene Rosa de Winter «still und schon wie erstarrt», «wie stumm». Auch Margot sei «schweigsam» gewesen und Annes Vater still, dessen Ruhe aber «war eine beruhigende Stille, und sie half Anne, und uns anderen half sie auch».[468]

«Anne war schön in Westerbork», berichtete Rosa de Winter, die sie oft mit Peter beobachtete, beide «waren immer beisammen», so viel wie möglich jedenfalls. So schön sei sie gewesen, «so strahlend, dass es sogar auf Peter überging. Sie war sehr blass in der ersten Zeit» – kein Wunder nach mehr als zwei Jahren im Hinterhaus – «aber von ihrer Zartheit und ihrem ausdrucksvollen Gesicht» gingen eine große «Anziehungskraft aus». Ihre Augen strahlten, «und sie war so frei in ihren Bewegungen und Blicken». Nach den Jahren im Versteck, unter der ständigen Angst, entdeckt zu werden, schien Anne in der überaus begrenzten, aber auch erweiterten Bewegungsfreiheit in diesem Lager fast aufzublühen. Sie schien «glücklich in Westerbork, wenn es auch kaum zu begreifen war, denn wir hatten es nicht gut im Lager. [...] Aber Anne war glücklich und wie befreit, denn sie sah neue Menschen und sprach mit ihnen, und sie konnte auch noch lachen, während ich immer nur denken musste: Schaffen sie uns noch nach Polen? Und halten wir es durch?»[469] Dabei war Anne sicher nicht unbekümmert, zu viel wusste sie von dem, was in der Welt um sie herum vor sich ging. Aber hatte Anne nicht in ihrem Tagebuch am 24. Dezember 1943 notiert, dass sie sich danach sehne, *auch wieder mal viel Spaß zu machen und zu lachen, bis man Bauchweh hat*[470]. Hatte sie nicht in einer Phase größter Depression im Herbst 1943 geschrieben: *[...] einmal richtig und laut zu lachen, das würde mehr helfen als 10 Valeriaantjes, aber lachen haben wir fast verlernt*[471]. Auch hatte sie bereits im November 1942 ihren Skrupeln Ausdruck verliehen, angesichts des Schicksals derer, *die weg sind*, überhaupt zu lachen.[472] Schließlich hatte ihr Vater in einem Brief aus besseren Tagen, vom Mai 1939, der Hoffnung Ausdruck verliehen, es möge ihr *dies lustige Lachen bewahrt bleiben, mit dem Du Dir, uns und anderen das Leben verschönst*[473]. Manchmal lachte Anne in Westerbork wieder.

Die Insassen des «Durchgangslagers Westerbork» hofften im Sommer 1944, dass sie angesichts der heranrückenden Alliierten die baldige Befreiung dort in der Heide erleben würden. Sie glaubten schon, so Janny Brilleslijper, «dass nie mehr ein Transport weggehen würde». Anlass boten die zum Teil aus der Luft gegriffenen Gerüchte (im Lagerjargon hießen sie «IPA» für «Israelitische Presseagentur») von den näher rückenden Russen, Briten und Amerikanern.[474]

Am 2. September 1944, der Krieg war gerade in sein fünftes Jahr gegangen, erklärte der Lagerkommandant, aus Den Haag sei der Befehl gekommen, das Lager zu «evakuieren», nur drei- bis sechshundert Gefangene sollten vorerst in Westerbork bleiben, alle anderen würden auf Transport gehen.[475] Kaum drei Wochen zuvor waren die Alliierten in Südfrankreich gelandet, eine Woche lag die Befreiung von Paris zurück, die Alliierten standen unmittelbar an der Grenze zwischen Frankreich und Belgien, wenige Stunden nach Gemmekers Ansprache war Brüssel befreit. Die Front, die Befreiung rückte näher. In Deutschland liefen die Planungen für die Einberufung des «Volkssturms», des letzten Aufgebots, auf Hochtouren. Jetzt aus Westerbork weggeschickt zu werden, zu einem Zeitpunkt, wo die Befreiung doch nur noch eine Frage von Wochen sein konnte – das erschreckte alle, die eine Ahnung von dem hatten, was «im Osten», dort, wohin die Transporte gingen, zu erwarten war. Die Deportationsliste kam – wie bei jedem Transport aus Westerbork – am Abend vor der Abfahrt. Ein emsiges Treiben setzte ein – jeder, der konnte, versuchte Beziehungen spielen zu lassen, um eine Krankschreibung, einen Aufschub, eine «Transportsperre» oder eine andere Freistellung zu erhalten. Janny Brilleslijper erinnert sich, «dass Otto Frank von Pontius zu Pilatus gelaufen ist und die Illusion hatte, nach Theresienstadt gehen zu können» – hatte Silberbauer nicht darüber bei der Verhaftung mit ihm gesprochen? – «denn es gab eine Menge Leute, die dachten, in Theresienstadt wären sie sicherer und würden mehr Schutz bekommen. Das hat sich als Seifenblase herausgestellt.»[476] Ottos Hoffnung auf eine «Transportsperre» erfüllte sich, vermutlich aus mehreren Gründen, nicht: Er war noch nicht einmal einen Monat im Lager, ihm fehlten die richtigen Beziehungen; selbst dass er, wie die meisten Funktionshäftlinge im Lager, deutscher Herkunft war, konnte nichts daran ändern.[477] «Straffälle» wie er und seine Familie hatten es im Übrigen auch vorher schon schwer gehabt, einen Aufschub zu erhalten. Wenn es für die jüdischen Funktionshäftlinge noch den Fluch und die Chance zum Überleben gab, sofern sie sich an der Auswahl der zu Deportierenden beteiligten, lässt sich ein Grund denken, warum dem Schutz der Familie Frank keine Dringlichkeit beigemessen wurde. Die «Evakuierung» des gesamten Lagers stand bevor, man konnte also nur für wenige vor Ort auf Zeit spielen. Eine Familie, die die letzten Jahre vergleichsweise «komfortabel» und bei relativ guter Versorgung im Versteck zugebracht hatte, besaß vielleicht größere Chancen, im «Osten» zu überleben, als Menschen, die durch Haft und Lageraufenthalt entkräftet, schwach und demoralisiert waren. Aber letztlich wurde auch auf solche Erwägungen keine Rücksicht mehr genommen. Selbst die Lagerelite ging auf Transport. Bevor Willy Rosen das Lager Westerbork am 4. September 1944 mit einem Transport von 2087 Personen in Richtung Theresienstadt verließ, dichtete er mit verzweifeltem Humor den «Abschied eines alten Kampinsassen»: «Mein liebes Westerbork; ich muss nun von Dir scheiden, eine kleine Träne lässt sich dabei nicht vermeiden. Warst Du auch öfters hart und ungemütlich, Du bliebst doch letzten Endes immer friedlich.»

Am Sonntag, dem 3. September 1944, ging ein letzter Transport von Westerbork nach Auschwitz. 498 Männer, 442 Frauen und 79 Kinder, zusammen 1019 Personen, bestiegen den Zug. Unter ihnen befanden sich Anne, Margot, Edith und Otto Frank, das Ehepaar van Pels und ihr Sohn Peter sowie Fritz Pfeffer. Es mag sein, dass sie die Schilder mit der Aufschrift «Westerbork – Auschwitz / Auschwitz – Westerbork / Keine Wagen abhängen / Zug muss geschlossen nach Westerbork zurück» auf den Waggons nicht wahrnahmen. Vielleicht trugen die Waggons *dieses* Transportes auch keine solchen Schilder – in jenen Tagen gelang den Nazis einiges nicht nach Plan. Janny Brilleslijper sagte später aus, sie hätte gewusst, dass Auschwitz ein Vernichtungslager sei, sie hatte «keinen Zweifel, was uns erwartete. [...] Als wir dann auf Transport gingen, hofften wir nur, dass wir nicht nach Auschwitz oder Treblinka oder Majdanek führen, Lager, deren Bedeutung jeder kannte.»[478] Rosa de Winter, deren Tochter Judy sich mit Anne angefreundet hatte und die im selben Waggon saß, wusste «nur,

Schild an den Zügen, die Juden in das Vernichtungslager Auschwitz-Birkenau transportierten

dass es nach Osten ging»[479]. Der Zug bestand aus Güterwaggons, immer fünfundsiebzig Menschen in einem Wagen, eng an eng. Die Türen fielen hinter ihnen zu, Licht gab nur ein kleines vergittertes Fenster unter dem Dach. Immer wieder hielt der Zug. SS-Männer hielten ihre Mützen hin und forderten die Insassen auf, Wertsachen hineinzuwerfen. Einmal fuhren sie «plötzlich in der umgekehrten Richtung weiter, so dass schon jemand rief: ‹Seht! Es geht wieder nach Holland!›»[480]

Anne und Judy redeten miteinander, zuweilen zogen sie sich an den Gittern des Fensters hoch, um hinauszuschauen in den verregneten Tag. Ja, «Anne fuhr durch das Land, in dem sie geboren war», wie Rosa de Winter später bemerkte.[481]

Der dritte Tag ihrer Reise, der 5. September 1944, ging als «Dolle Dinsdag» in die niederländische Geschichte ein. Die Alliierten hatten sich auf breiter Front der Grenze zwischen Belgien und den Niederlanden angenähert, Gerüchte über die kurz bevorstehende Befreiung kursierten überall, die BBC meldete, alliierte Truppen stünden schon vor Breda, und auch die deutschen Besat-

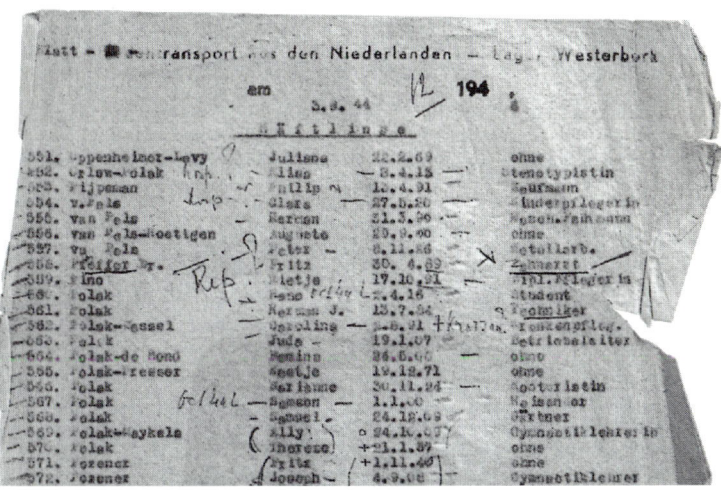

Ausschnitte aus den Deportationslisten für den letzten Transport
von Westerbork nach Auschwitz. Unter den Nummern 306 bis 309
ist die Familie Frank aufgeführt, unter den Nummern 555 bis 558
die Familie van Pels und Fritz Pfeffer.

zer reagierten nervös. Am 4. September hatte der Reichskommissar für die besetzten niederländischen Gebiete, der SS-Obergruppenführer Arthur Seyß-Inquart, den Notstand ausgerufen, und etwa 60 000 niederländische Kollaborateure waren aus Furcht vor der Rache der Befreiten auf dem Weg ins Reich. Nur einen Tag lang hielt die Euphorie an, denn die Befreier kamen nicht, mussten sogar Ende des Monats bei einer großen Luftlandeoperation die erste schmerzhafte Niederlage seit langem hinnehmen. Die deutschen Besatzer verschärften nun wieder ihr Regime. Geiselerschießungen waren gang und gäbe. Bald stellten die Deutschen unter anderem die Versorgung der Niederlande mit Lebensmitteln und Brennstoffen ein, auf den Gleisen rollten nur noch Züge der Deutschen, die vorwiegend Güter aus dem Land schafften – die niederländische Zivilbevölkerung erlebte daher einen Hungerwinter.[482]

AUSCHWITZ, BERGEN-BELSEN

Nach drei Tagen Fahrt trafen Anne und die anderen in der Nacht vom Dienstag, dem 5. September, zum Mittwoch, dem 6. September 1944, in Auschwitz ein.[483] Als die Waggontüren aufgerissen wurden, war das sich den Deportierten bietende Szenario in gleißendes, blaugraues Scheinwerferlicht getaucht. Kapos liefen «wie verrückt vor Eifer» auf dem Bahnsteig auf und ab, in ihrem Rücken SS-Männer mit Hunden, zu denen die SS-Begleitmannschaft des Zuges hinüberging – «sie hatten ihre Mützen, mit denen sie von Waggon zu Waggon gegangen waren, um den Schmuck einzusammeln, jetzt wieder gerade und vorschriftsmäßig auf den Köpfen sitzen». Das alles war, so Rosa de Winter, «nur einen Augenblick lang zu sehen, denn jetzt strömten die Menschen aus dem Zug und überfluteten den Bahnsteig, und die Kapos schrieen ‹Schneller! Schneller!›» Und dann hieß es plötzlich: «Die Frauen nach links! Die Männer nach rechts!» So wurden Männer und Frauen voneinander getrennt. Dann folgte eine weitere Ansage: «Herhören! Es ist eine Stunde Fußmarsch bis zum Frauenlager. Für die Kinder und Kranken stehen Lastwagen am Ende des Bahnsteigs bereit.» Tatsächlich, da standen Lastwagen mit großen roten Kreuzen. Viele stürzten dorthin.[484] Die Statistik vermerkt: 549 Personen, darunter alle Kinder unter fünfzehn Jahren (Anne war fünfzehn), wurden gleich bei der Selektion für den Tod in den Gaskammern bestimmt. 258

Männer und 212 Frauen aus dem Transport wurden getrennt als Häftlinge in das Lager eingewiesen. Die Männer erhielten Häftlingsnummern von B-9108 bis B-9365 (Otto Frank erhielt die Nummer B-9174)[485], die Frauen zwischen A-25060 und A-25271.[486] Den «Neuzugängen» wurden die Haare geschoren und ihre Kleidung durch ein sackartiges einfaches Häftlingsgewand ersetzt, in den Oberarm tätowierte man ihnen ihre Häftlingsnummer.

Die Männer kamen in Baracke 1 oder 2 des Stammlagers Auschwitz I. Hermann van Pels war der erste der vier Männer aus dem Hinterhaus, der hier im Oktober 1944 starb. «Ich werde nie vergessen», so Otto Frank später, «wie der siebzehnjährige Peter van Pels und ich eine Gruppe selektierter Männer sahen. Unter ihnen war Peters Vater. Sie wurden weggeführt. Zwei Stunden später kam ein Wagen mit ihrer Kleidung.»[487] Pfeffer meldete sich im selben Monat für einen Transport, mit dem Ärzte unter den Häftlingen aus Auschwitz fortgebracht werden sollten. Er gelangte in das Konzentrationslager Neuengamme bei Hamburg, wo er nach dem von Häftlingen heimlich geführten und bewahrten «Häftlings-Toten-Nachweis» am 20. Dezember an einer an sich kurierbaren, im KZ jedoch tödlichen Darminfektion starb.[488] Anfangs blieben Edith Frank und ihre beiden Töchter noch im Block 29 des Frauenlagers Auschwitz-Birkenau zusammen.[489] Ende Oktober bot sich die Chance, Auschwitz in Richtung eines anderen Lagers zu verlassen – die Deutschen bemühten sich, die Häftlinge angesichts der herannahenden Roten Armee in Richtung Westen, ins Reich zu treiben. Da Anne an der Krätze litt und deshalb nicht mit auf den Transport durfte, entschlossen sich auch Edith und Margot, in Auschwitz zu bleiben. Margot hatte sich, so Lenie de Jong-van Naarden, die die Franks aus Westerbork kannte, «freiwillig zu ihr gelegt, die beiden Schwestern sind beieinander geblieben, und die Mutter war völlig verzweifelt. Das Stück Brot, das sie bekam, aß sie nicht auf.» Gemeinsam gruben sie «ein Loch unter der Holzwand der Baracke», durch das sie den Mädchen das Brot zuschoben, das sich die Töchter teilten.[490] Wenige Tage später wurden Anne und Margot für einen Transport nach Bergen-Belsen ausgewählt, Edith blieb in Auschwitz zurück. Ende November brachte ihre Lagerfreundin Rosa de Winter sie wegen einer schweren Atemwegsinfektion mit hohem Fieber aufs «Revier», die «Krankenbaracke». Dieser Winter in Auschwitz war erbarmungslos kalt, zum Jahreswechsel 1944/45 sanken die Temperaturen auf minus vierzig Grad. Am 6. Januar 1945 starb Edith Frank.[491]

Auguste van Pels verließ Auschwitz am 26. November in Richtung Bergen-Belsen, wo sie Anne und Margot noch einmal wieder sah. Am 6. Februar wurde sie erneut auf Transport gestellt, diesmal in ein Außenlager des Konzentrationslagers Buchenwald. Als das Lager Raguhn geräumt wurde, ging ihr Transport nach Theresienstadt. Dort oder auf dem Weg dorthin starb sie im April oder Mai 1945.[492] Ihr Sohn Peter gelangte am 25. Januar 1945 mit einem der Todesmärsche aus Auschwitz in das österreichische Konzentrationslager Mauthausen. 73 Tage war er zur Zwangsarbeit im Arbeitskommando in Melk eingesetzt. Mitte April kam er zurück nach Mauthausen, das am 5. Mai 1945 befreit wurde. Am selben Tag starb Peter.[493]

Anne und Margot kamen Ende Oktober, Anfang November 1944 nach Bergen-Belsen. Das Lager befand sich in einem katastrophalen Zustand. Seuchen grassierten, und obwohl hier keine Massentötungen wie im Vernichtungslager Auschwitz stattfanden, war der Tod allgegenwärtig. Sie kamen in ein improvisiertes Zeltlager, und nachdem ein gewaltiger Sturm die Zelte fortgerissen hatte, in einen mit Stacheldraht abgetrennten Teil des «Sternlagers», das für jüdische Häftlinge eingerichtet worden war, die gegen deutsche Soldaten ausgetauscht werden sollten. Der Zaun war mit Stroh verkleidet worden, damit die Häftlinge in den Lagerteilen keine Verbindung zueinander aufnehmen konnten. Und doch kamen gelegentlich Kontakte zustande. Hannah Goslar, die seit Februar 1944 im «Sternlager» saß, erfuhr, dass sich auf der anderen Seite ihre Freundin Anne befand. Nach Einbruch der Dunkelheit gelang es ihr, sich von den deutschen Wachen unbemerkt durch Rufen mit jemandem von der anderen Seite zu verständigen – es war Frau van Pels. «Ja, ja, warte mal, ich werde Anne holen», versprach sie, «Margot kann ich nicht holen, die ist todkrank und liegt im Bett.»[494] «Im Bett» – das hieß auf einer Pritsche in einer überfüllten Baracke, gleich an der Tür, vor der die Leichen der gestorbenen Frauen oft tagelang lagen. Rachel van Amerongen-Frankforder, die mit ihnen in dieser Baracke war, erinnerte sich, dass die damals schon stark abgemagerten, an Typhus erkrankten Mäd-

Das Frauenlager in Bergen-Belsen kurz nach der Befreiung durch die Briten

chen schrecklich aussahen, nur noch Haut und Knochen waren, und «sie froren schrecklich, weil sie die ungünstigsten Plätze der Baracke hatten, unten an der Tür, die ständig auf und zu ging. Man hörte sie dauernd schreien: ‹Tür zu, Tür zu›, und diese Rufe wurden jeden Tag etwas schwächer.»[495] Anne kam an den Zaun, und Hannah Goslar bemerkte, «das war nicht dieselbe Anne, die ich gekannt hatte. Sie war ein gebrochenes Mädchen. Ich war vielleicht auch so, aber es war schrecklich. Sie fing sofort an zu weinen und erzählte mir: ‹Ich habe keine Eltern mehr.›»[496] Sie trafen sich wieder und führten ihre heimlichen Gespräche, ohne einander sehen zu können. Hannah hatte im Februar 1945 ein Rot-Kreuz-Päckchen mit Lebensmitteln bekommen, von dessen Inhalt sie Anne abgeben wollte. Sie warf das eigens für ihre Freundin geschnürte Päckchen über den Zaun, doch Anne schrie von der anderen Seite verzweifelt: «Oh, die Frau, die neben mir stand, hat es aufgefangen, und sie gibt es mir nicht zurück.» Zwei, drei Tage später trafen sie sich wieder am Zaun, und diesmal gelang es Anne, die Gaben aufzufangen. Und das war dann das letzte Mal, dass sie miteinander sprachen …[497] Etwa drei Tage vor ihrem Tod stand Anne vor Janny Brandes-Brilleslijper: «Es war ein harter Winter und sie war in eine einzige Decke gehüllt.»[498] Sie habe sich, erklärte sie ihrer Freundin, so vor den Tieren in ihrer Kleidung gefürchtet – in ihrem Fieberwahn hatte sie alles weggeworfen. Janny kleidete sie notdürftig wieder ein. Kurz darauf fiel Margot von der Pritsche auf den Boden und konnte nicht wieder aufstehen. Sie starb. Einen, vielleicht zwei Tage später starb auch Anne. Das war vermutlich Ende Februar oder Anfang März, relativ kurz vor der Befreiung des Lagers Bergen-Belsen durch die Briten. Sie starb an den Folgen der Entkräftung und an Typhus, der ihrem geschwächten Körper zugesetzt hatte. Das niederländische Gedenkbuch für die «jüdischen Kriegsopfer» vermeldet lakonisch: «Frank, Annelies Marie, 12. 6. 1929 Frankfurt / Main, 31. 3. 1945 Bergen-Belsen»[499], «Frank, Margot Betti, 16. 2. 1926 Frankfurt / Main, 31. 3. 1945 Bergen-Belsen»[500], «Frank Holländer, Edith, 16. 10. 1900 Aachen, 6. 1. 1945 Auschwitz»[501]. 332 Namen trennen Anne und Margot auf den eng beschriebenen Seiten voneinander. Auch die Namen von Peter van Pels (5. 5. 1945 Mauthausen)[502] und dessen Eltern Auguste (9. 4. 1945 Kommando Raguhn)[503] und Hermann (15. 3. 1945 Polen)[504] finden sich dort, ebenso wie Fritz Pfeffer (20. 12. 1944 Neuengamme).[505]

Das Tagebuch der Anne Frank

Am 3. Juni 1945 kehrte Otto Frank nach einer viermonatigen Odyssee, die ihn von Auschwitz über Odessa nach Marseille geführt hatte, nach Amsterdam zurück. Dass Edith in Auschwitz gestorben war, hatte er bereits von anderen Überlebenden erfahren. Kurz nachdem Jan Gies mit der Neuigkeit nach Hause gekommen war, er habe gehört, dass Otto Frank am Leben und auf dem Weg nach Amsterdam sei, stand er auch schon in der Tür. Miep Gies, Jan und Otto Frank standen wortlos da. Dann begann Otto Frank: «Miep. Edith kommt nicht zurück, Miep.» – «Aber für Margot und Anne, da habe ich große Hoffnung» – «Ja. Große Hoffnung», wiederholte Miep Gies «tonlos, um ihn zu bestärken».[506] In den folgenden Monaten lebte Otto Frank bei dem Ehepaar Gies und übernahm wieder die Leitung des Betriebs. Entscheidend für die Rückkehr nach Amsterdam war anfangs sicherlich auch die Hoffnung auf ein Lebenszeichen seiner Töchter. Als noch im Sommer 1945 durch den Brief einer Überlebenden, der Krankenschwester Lien Rebling-Brillenslijper aus Rotterdam, auch der Tod Annes und Margots bittere Gewissheit wurde[507], übergab Miep Gies Otto Frank das bis dahin für Anne verwahrte Tagebuch, das aus mehreren Heften und losen Blättern bestand, mit den Worten «Hier ist das Vermächtnis Ihrer Tochter Anne an Sie». Sie «drückte ihm das Ganze in die Hand, ging hinaus, schloss leise die Tür».[508] In den folgenden Tagen, Wochen und Monaten vertiefte er sich in die Lektüre und begann, Teile, «das Wesentliche», mit der Schreibmaschine abzutippen und für seine in der Schweiz lebende Mutter zu übersetzen, wobei er bewusst Passagen fortließ, die er für Dritte für irrelevant hielt oder die – wie einige Passagen über Annes Verhältnis zu ihrer Mutter – andere «nichts angingen».[509] Damit griff er in den Text ein, wobei er sich an Annes zweiter Version orientierte, selber aber auch Entscheidungen traf, die ihm später zuweilen als Zensur ausgelegt wurden. Vorerst waren die von ihm redigierten Abschriften für Verwandte und Freunde bestimmt, und man wird Otto Frank kaum verübeln können, dass er manche drastische Beschreibung seiner scharfzüngigen Tochter mit Rücksicht auf Edith Franks Andenken oder auf das anderer entschärfte oder ganz wegließ. Später bat er, seiner Sache offenbar nicht ganz sicher, seinen Freund Albert Cauvern, den Ehemann seiner früheren Sekretärin Isa Cauvern, um eine weitere Überarbeitung. Dessen Typoskript zirkulierte in mehreren Abschriften in Ottos Freundeskreis, und von verschiedenen Seiten setzten Bemühungen zu einer Veröffentlichung ein, wobei die ersten Verlage abschlägig reagierten, weil sie nur geringes Leserinteresse vermuteten.[510] Am 3. April 1946 erschien in der Tageszeitung «Het Parool» unter der Titelzeile «Kinderstimme» ein kurzer Artikel des Amsterdamer Historikers Jan Romein, der sich von der Lektüre der Tagebuchauszüge derart beeindruckt zeigte, dass er deren Publikation empfahl. Das Interesse einiger Verlage war die Folge. Anfangs führ-

Otto Frank mit den Autoren Frances Hackett-Goodrich und Albert Hackett und dem Regisseur Garson Kanin im Zimmer von Anne Frank

ten Annes im Typoskript erhaltene Passagen zu ihrer «geschlecht-
lichen Entwicklung» zu einer gewissen Zurückhaltung bei den
Lektoren und zu weiteren redaktionellen Streichungen. Immerhin, die Zeitschrift «De Nieuwe Stem» publizierte erste Auszüge
im Sommer 1946, und ein Jahr später
erschien eine erste niederländische
Druckfassung in Buchform in einer Auf-
lage von 1500 Exemplaren.[511] Dem all-
seits positiv, zum Teil überschwänglich
besprochenen Buch wurde auch ein
pädagogischer Wert zugesprochen. Aus
der anfangs von Otto begonnenen und
später von der Journalistin Anneliese
Schütz, einer Bekannten Otto Franks,
fortgeführten deutschen Übersetzung
für die des Niederländischen nicht
mächtigen Verwandten in der Schweiz
entstand eine – teilweise fehlerhafte –
Vorlage für eine deutsche Publikation
des Tagebuchs, die 1950 im Heidelberger
Lambert Schneider Verlag erschien und
sich schleppend verkaufte. Der große Erfolg kam in Deutschland mit der 1955
bei Fischer erschienenen Taschenbuch-
ausgabe. Allein zwischen 1950 und 1958
wurden in Deutschland insgesamt etwa
700 000 Exemplare verkauft.[512] Bereits
1950 war eine französische und 1952
eine englischsprachige Fassung in Großbritannien und den USA herausgekom-
men. Der weltweite Erfolg des Buches,
das sich seither in über 25 Millionen
Exemplaren in über 60 Sprachen verkaufte und damit zu den meistgelesenen
Büchern überhaupt gehört[513], stellte
sich mit der ebenfalls weltweit aufge-
führten Bühnenfassung von Frances
Goodrich und Albert Hackett ein, die

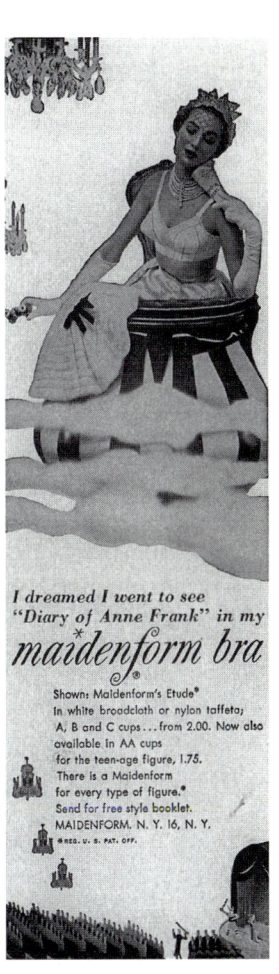

I dreamed I went to see
"Diary of Anne Frank" in my
maidenform bra

Shown: Maidenform's Etude®
In white broadcloth or nylon taffeta;
A, B and C cups...from 2.00. Now also
available in AA cups
for the teen-age figure, 1.75.
There is a Maidenform
for every type of figure.®
Send for free style booklet.
MAIDENFORM. N. Y. 16, N. Y.
® REG. U. S. PAT. OFF.

Inserat im
Programmheft zur
Theaterpremiere
am Broadway 1955

133

1955 ihre Premiere am Broadway (und dort allein mehr als 1000 Vorstellungen) erlebte.[514]

Die Verfilmung aus dem Jahre 1959 gilt als «eine der frühesten Hollywood-Produktionen [...], in denen der Holocaust die Hauptrolle spielt und trotzdem nicht bildlich dargestellt wird.»[515]

Viel ist seitdem über das Tagebuch und seine Autorin, über den Erfolg ihrer Aufzeichnungen und ihrer Adaption für Theater und Film sowie über deren Rezeption geschrieben und gestritten worden. Kritik galt dabei insbesondere der redaktionellen Beschneidung des Originaltextes in den ersten Ausgaben und der Dramatisierung des Textes.

Otto Frank und seinen Verlegern ist vor allem eine Zensur hinsichtlich der Passagen vorgeworfen worden, in denen sich Anne mit ihrer Sexualität und ihrer weiblichen Identität auseinander setzte. Die erstmals 1986 in niederländischer und 1988 auch in deutscher Sprache publizierte «vollständige, textkritische, kommentierte Ausgabe» der Tagebücher mit dem Nebeneinander der von Anne Frank geschriebenen Versionen und der bis dahin «gültigen» Buchhandelsausgabe lässt erkennen, dass tatsächlich eine Vielzahl von Eingriffen vorgenommen wurde, dass Anne aber in ihrer Überarbeitung des Textes selber zum Zwecke der späteren Publikation Passagen entfernt oder entschärft hat, wie Berteke Waaldijk anmerkt.[516]

> Als sich der Vorhang zum letzten Mal senkte und nach langer Stille sich ein paar Hände regen wollten, wurde ihnen schnell und diskret Stille geboten. Schweigend, vielfach noch tränenblind, tief angerührt und auf eine heimliche Weise bestärkt und getröstet verließen die Menschen das Theater.
> Die Welt 3. Oktober 1956

Der 1957 gegründeten Anne-Frank-Stiftung, die das 1960 am historischen Ort eröffnete Anne-Frank-Haus betreibt, ist zeitweilig vorgeworfen worden, durch die Betonung der universellen Botschaft Anne Franks und in ihrem Engagement für eine multikulturelle Gesellschaft Anne enthistorisiert und ihre Geschichte ohne ausreichende Berücksichtigung ihrer jüdischen Identität dargestellt zu haben.[517]

Dem und der Ikonisierung Annes dürften das Theaterstück und dessen Verfilmung besonderen Vorschub geleistet haben. Beide enden mit einem freien Zitat aus dem Tagebuch: *Trotz allem glaube ich immer noch an das Gute im Menschen.*[518] Dieser Satz, der

Das vermutlich letzte Foto von Margot und Anne Frank

auf ein Bekenntnis Annes vom 15. Juli 1944 zurückgeht, hat das Bild Anne Franks sicher am nachhaltigsten geprägt. Durch ihn wird ihre Geschichte zu einem Garanten der Hoffnung und Menschlichkeit, der *inneren Güte der Menschen*, wie es im Original heißt, die eine verführerische und eine versöhnende Brücke über ihren Tod schlägt. Mit diesen Worten, so die implizite Botschaft, und mit dem Bild des Mädchens, das uns von seinem Schreibtisch aus anlächelt, soll uns Anne Frank in Erinnerung bleiben.

Frank van Vree hat sich gegen einen «Kult um das Tagebuch der Anne Frank» gewandt, der «als eine Art Alibi» fungiere, «um nicht sehen zu müssen, was die ‹Endlösung› tatsächlich bedeutete – Millionen in den Ghettos und Arbeitslagern, die totale Verlassenheit und Barbarei, die Unausweichlichkeit der Selektion und Vernichtung».[519] Anne Franks Tagebuch bietet jedoch keinen Einblick in das Grauen des Holocaust, sondern zeigt den Versuch, im Versteck eine fragile Normalität gegen Verfolgung und Tod aufrechtzuerhalten. Anne hat – über das hinaus, was sie beispielsweise aus den Radioberichten der BBC oder von «draußen» über das Verfolgungs- und Mordgeschehen erfuhr – nicht Chronistin des Holocaust sein können. In dem Moment, wo sie selbst hätte berichten können, muss sie verstummen. Ihr Tagebuch endet mit der Verhaftung, die sie erst selbst in den Malstrom der Vernichtung brachte. Das wenige, was wir über ihre letzten sieben Lebensmonate in Westerbork, Auschwitz und Bergen-Belsen wissen, wissen wir nicht aus ihrem Munde, sondern aus dem der Überlebenden, die dem Journalisten Ernst Schnabel in den fünfziger Jahren und den Filmemachern Willy Lindwer und Jon Blair in den neunziger Jahren Auskunft gaben oder aber ihre Erinnerungen an Anne Frank selber zu Papier brachten.[520]

Ein Traum Anne Franks jedenfalls ist in Erfüllung gegangen. Sie ist auch als Schriftstellerin berühmt geworden – weit über ihren Tod hinaus.

ANMERKUNGEN

Bei den folgenden Nachweisen wird für die meisten Publikationen nur der Verfassername (auch mit Kurztitel) angeführt; die vollständigen Literaturangaben sind der Bibliographie zu entnehmen. Darüber hinaus werden folgende Siglen benutzt:

AFH: Anne Frank Huis. Een museum met een verhaal. Amsterdam 1999

CD: Chronik der Deutschen. Gütersloh 1995

CD-ROM: Anne Frank Haus. Ein Haus mit einer Geschichte. Amsterdam 2000

DGB: De Dagboeken van Anne Frank. 's Gravenhage. Amsterdam 1986

DGB a: De Dagboeken van Anne Frank. Amsterdam 2001

EH: Enzyklopädie des Holocaust. Berlin 1993, 3 Bde.

KNL: Kroniek van Nederland. Amsterdam 1987

MEM: In Memoriam. לזכר. Den Haag 1995

NLJ: Neues Lexikon des Judentums. Gütersloh, München 1992

NIOD: Dokumente im Nederlands Instituut voor Oorlogsdocumentatie, Amsterdam

«Die Tagebücher der Anne Frank». Vollständige, textkritische, kommentierte Ausgabe. Aus dem Niederländischen von Mirjam Pressler. © 1986 by ANNE FRANK-Fonds, Basel/Schweiz. Für die deutsche Übersetzung © 1988 S. Fischer Verlag GmbH, Frankfurt am Main. Der Abdruck der Zitate aus den Anne Frank Tagebüchern erfolgt mit freundlicher Genehmigung der S. Fischer Verlag GmbH, Frankfurt am Main.

Die Verweise auf Anne Franks Tagebuch (TGB) sind jeweils mit dem Kürzel (a) oder (b) versehen. Damit wird die in der verwendeten wissenschaftlichen Edition eingeführte Trennung von Ursprungsfassung (a) und von Anne Frank selber überarbeiteten Fassung (b) übernommen.

1 TGB, S. 735 (a)
2 TGB, S. 650 (a)
3 TGB, S. 350 (a)
4 TGB, S. 677 (a)
5 TGB, S. 650 (a)
6 TGB, S. 306 (a), vgl. TGB, S. 329 (a)
7 Video Ooggetuigen, Interview mit Otto Frank
8 Stam, S. 153
9 James E. Young, in: Anne Frank Magazine 1999, S. 13
10 van Vree, S. 97
11 Miller, S. 95
12 Stam, S. 153
13 NLJ, S. 151; Müller, S. 71; Steen/Wolzogen, S. 14
14 NLJ, S. 78; Steen/Wolzogen, S. 8
15 NLJ, S. 152
16 NLJ, S. 152
17 Schnabel, S. 15
18 Wilson, S. 133
19 TGB, S. 723 (a), 8. 5. 1944
20 Müller, S. 93; Lee, S. 29; Steen/Wolzogen, S. 24
21 Otto Frank an die Veteranen des Lessing-Gymnasiums, S. 33. Kriegsbericht, Juli 1918, Archiv des Lessing-Gymnasiums, Frankfurt, zit. nach Müller, S. 38
22 Lee, S. 29
23 Steen/Wolzogen, S. 24; TGB, S. 333 (a), 18. 10. 1942; S. 343 (b), 29. 10. 1942; S. 557 (a + b), 15. 2. 1944; S. 585 (a), 4. 3. 1944; S. 671 (a), 6. 4. 1944
24 Paape, «... zugezogen», S. 1; Lee, S. 30; Müller, S. 38
25 Müller, S. 38
26 Lee, S. 30; Paape, «... zugezogen», S. 1
27 Otto Frank an die Veteranen des Lessing-Gymnasiums, S. 33. Kriegsbericht, Juli 1918, Archiv des Lessing-Gymnasiums, Frankfurt, zit. nach Müller, S. 38
28 Lee, S. 31

29 Otto Frank in einem Brief aus dem Jahre 1975, nach Lee, S. 24
30 Nach Lee, S. 32
31 Paape, «… zugezogen», S. 2 ff.; Müller, S. 62
32 Lee (ndl.), S. 27
33 Lee, S. 34
34 TGB, S. 723 (a), 8. 5. 1944
35 Dr. Trude K. Hollander nach Lee, S. 35
36 Lee, S. 38; Müller, S. 29 f.; Schnabel, S. 17
37 Müller, S. 38; Paape, «… zugezogen», S. 5
38 Paape, «… zugezogen», S. 3 ff.; Müller S. 49–52
39 TGB, S. 233 (a)
40 Müller, S. 52
41 Schnabel, S. 22
42 Metselaar/Rol/Stam, S. 16
43 Video Ooggetuigen, Interview mit Otto Frank
44 Schnabel, S. 22
45 Müller, S. 47
46 EH, Bd. 1, S. 480
47 Müller, S. 58
48 Fechenheimer Anzeiger, 13. 3. 1933, S. 3; Frankfurter Nachrichten, S. 13. 3. 1933 (Institut für Stadtgeschichte der Stadt Frankfurt am Main)
49 Steen/Wolzogen, S. 64
50 Frankfurter Israelitisches Gemeindeblatt, 11. Jg., Nr. 8, April 1933. Vgl. Steen/Wolzogen, S. 67
51 EH, Bd. 1, S. 480
52 Otto Frank an seinen Vermieter, Ende 1932, zit. nach Müller, S. 57
53 Otto Frank nach Müller, S. 77
54 Paape, «… zugezogen», S. 6
55 Berghuis, S. 8
56 Ebd., S. 11; Hondius, S. 24
57 Gans, S. 764
58 Edith Frank nach Müller, S. 75
59 TGB, S. 222 (a)
60 Schnabel, S. 23
61 Ebd., S. 23
62 Hannah Goslar nach Lindwer, S. 27

63 Ego, S. 198; Müller, S. 87
64 Paul Haupt an Hans Emil Hirschfeld (1960), zit. nach Ego, S. 201
65 Der frühere Reichskanzler Brüning charakterisierte ihn später sogar mit deutlichem antisemitischem Unterton als Teil einer «zionistische [n] Clique». Vgl. Heinrich Brüning an Wilhelm Sollmann (1940) nach Ego, S. 199
66 Müller, S. 87 f.
67 Hannah Goslar nach Lindwer, S. 26
68 Ebd., S. 29
69 Ebd., S. 26
70 Hannah Goslar nach Lindwer, S. 27 f.
71 Stoutenbeek/Vigeveno, S. 130 ff.
72 TGB, S. 218 (a)
73 Müller, S. 88 f., S. 96
74 Nach Schnabel, S. 23
75 Nach ebd., S. 23
76 Ebd., Müller, S. 93
77 Nach Müller, S. 104; vgl. Lindwer, S. 30
78 Nach Schnabel, S. 40 f.
79 Hannah Goslar nach Lindwer, S. 30
80 Ebd., S. 30
81 Ebd., S. 30
82 TGB, S. 233 (a)
83 Lindwer, S. 30
84 Nach Lindwer, S. 31
85 Müller, S. 110 f., S. 138
86 Hondius, S. 15–23
87 KDN, S. 898
88 Hondius, S. 25 f., Berghuis, S. 8 f.
89 Müller, S. 123
90 Nach Hondius, S. 26
91 Gans, S. 766: KDN, S. 908
92 EH, Bd. III, S. 1577; vgl. Hondius, S. 26
93 Hondius, S. 28
94 Gans, S. 765
95 Gies, S. 34
96 TGB, S. 274 (b), 2. 9. 1942
97 Nach Müller, S. 106
98 Johanna Meier nach Abram/Heyl, S. 196
99 Gies, S. 33 f.
100 Ebd., S. 34

101 Hannah Goslar nach Lindwer, S. 28
102 Gies, S. 35
103 Video Over jou …, Interview mit Miep Gies
104 Gies, S. 34 f.
105 Ebd., S. 36
106 Ebd., S. 41 f.
107 Ebd., S. 70 f., S. 76; Müller, S. 121, S. 408
108 Gies, S. 42
109 Ebd., S. 42
110 Ebd., S. 42
111 Ebd., S. 42
112 Ebd., S. 43
113 Brief vom Dezember 1938, zit. nach Müller, S. 132
114 Müller, S. 124
115 Walk, S. 255–258
116 Ebd., S. 260
117 Entschädigungsakte Walter Holländer, nach Müller, S. 127
118 Bierganz / Kreutz, S. 80
119 Nach Abram / Heyl, S. 281 f.
120 Edith Frank an Willi und Hedda Eisenstedt, Dezember 1937, nach Müller, S. 133
121 KNL, S. 895, S. 905, S. 910
122 Hondius, S. 31
132 Video Over jou … Interview mit Miep Gies
124 TGB, S. 233 (a), DGB (1986), S. 211 (a)
125 Nach Müller, S. 186
126 MEM, S. 377
127 MEM, S. 429
128 Nach Lee, S. 88
129 General I. H. Reijnders nach KDN, S. 911–914
130 TGB, S. 222 (b)
131 Eigene deutsche Übersetzung nach dem Original bei Lee (ndl.), S. 308
132 Eva Schloss nach Lee, S. 95
133 KDN, S. 914
134 Müller, S. 148
135 Roest / Scheren, S. 78 f.
136 Jetteke Frijda nach Lee, S. 78
137 KDN, S. 915
138 Presser, S. 11
139 Lee, S. 94
140 KDN, S. 915
141 Presser, S. 15
142 Ebd., S. 14; Roest / Scheren, S. 82; Müller, S. 154
143 Roest / Scheren, S. 85
144 Presser, S. 14, S. 16
145 Video Over jou … Interview mit Miep Gies
146 TGB, S. 514 (a)
147 TGB, S. 514 (b)
148 TGB, S. 515 (a)
149 TGB, S. 514 (a)
150 TGB, S. 515 (a)
151 TGB, S. 515 (a)
152 Herzberg, S. 69
153 Schnabel, S. 52
154 Herzberg, S. 63 f.
155 Leeflang, S. 175
156 Herzberg, S. 108 f.
157 Ebd., S. 117–119, S. 124, S. 128
158 Nach Herzberg, S. 128
159 Herzberg, S. 70 f.
160 Nach Herzberg, S. 125
161 Video Ooggetuigen, Interview mit Otto Frank
162 Brief Annes an die Großmutter Alice Frank in Basel vom Juni 1941, Privatsammlung Buddy Elias, nach Lee, S. 110
163 Ebd.
164 Ebd.
165 Ebd., S. 111
166 Postkarte Annes an die Großmutter Alice Frank in Basel vom Juni 1941, nach Lee, S. 111
167 Ebd., S. 72
168 Ebd., S. 77
169 Herzberg, S. 73
170 Schnabel, S. 43
171 Ebd., S. 43
172 TGB, S. 224 (a)
173 van Maarsen, S. 15
174 Ebd., S. 15 f.
175 Ebd., S. 16
176 Ebd., S. 16
177 Laureen Klein (Nussbaum), nach Lee, S. 117
178 Gies, S. 65
179 Ebd., S. 65
180 TGB, S. 5 (a)
181 TGB, S. 224 (a), S. 231 (a)

182 EH, S. 750
183 Walk, S. 347
184 Herzberg, S. 83
185 Asscher lt. Bericht des Höheren
SS-und Polizeiführers Aus der Fünten, nach Presser, S. 221 f.
186 Marion van Binsbergen-Prichard
nach Fogelman, S. 65
187 TGB, S. 216 (a)
188 TGB, S. 216 (a)
189 TGB, S. 216 (a)
190 TGB, S. 215 (a)
191 TGB, S. 215 (a)
192 TGB, S. 233 (a)
193 Nach Müller, S. 130
194 Otto Frank an Yad Vashem,
10. Juni 1971, Privatsammlung
Buddy Elias, nach Müller, S. 131
195 Müller, S. 136
196 TGB, S. 217 (a)
197 TGB, S. 217 (a)
198 TGB, S. 218 (a); vgl. auch van
Maarsen, S. 36
199 TGB, S. 225 (a), (b)
200 TGB, S. 225 (b)
201 TGB, S. 225 (b)
202 TGB, S. 2 (b) und Anmerkung
203 TGB, S. 225 (b)
204 TGB, S. 226 (a)
205 TGB, S. 241 (b)
206 TGB, S. 227 (a)
207 TGB, S. 229 (a)
208 TGB, S. 228 (a)
209 TGB, S. 228, Anmerkung
210 TGB, S. 230 (a)
211 TGB, S. 230 (a)
212 TGB, S. 231 (a)
213 TGB, S. 236 (b)
214 TGB, S. 236 (b)
215 TGB, S. 236 (b)
216 TGB, S. 236 (b)
217 van Maarsen, S. 37
218 TGB, S. 623 (a)
219 TGB, S. 624 (a)
220 Gies, S. 65
221 Ebd., S. 65
222 TGB, S. 240 (b)
223 TGB, S. 243 (a)
224 TGB, S. 243 (a)
225 TGB, S. 234 (a), 30. 6. 1942
226 TGB, S. 245 (b)

227 TGB, S. 246 (b)
228 TGB, S. 248 (a)
229 TGB, S. 219 (b)
230 TGB, S. 241 (b)
231 TGB, S. 246 f. (b), 5. 7. 1942
232 Herzberg, S. 134
233 Czech, S. 250
234 de Jong, Bd. VI, S. 4
235 Ebd.
236 Lee, S. 152, Müller, S. 214; Loe
de Jong schreibt, die Aufrufe seien
durch die niederländische Post
überbracht worden, vgl. de Jong,
Bd. VI, S. 5
237 Müller, S. 214 f., Lee, S. 153
238 TGB, S. 248 f. (a)
239 TGB, S. 248 ff. (b)
240 TGB, S. 250 (b)
241 TGB, S. 246 f. (b)
242 Gies, S. 90
243 Ebd., S. 90
244 Ebd., S. 85
245 Ebd., S. 86
246 Ebd., S. 86
247 Ebd., S. 92
248 TGB, S. 250 (b)
249 Gies, S. 92
250 TGB, S. 249 (a)
251 TGB, S. 250
252 TGB, S. 251 (a), (b)
253 Gies, S. 93
254 TGB, S. 251 (a), S. 252 (b)
255 TGB, S. 252 (b)
256 TGB, S. 252 (b)
257 TGB, S. 251 (b)
258 TGB, S. 253 (b)
259 Gies, S. 94
260 TGB, S. 249 (b)
261 Gies, S. 94
262 Ebd., S. 94
263 Ebd., S. 94
264 TGB, S. 257 (b)
265 TGB, S. 258 (b)
266 TGB, S. 263 (a)
267 Gies, S. 99
268 Ebd., S. 99
269 TGB, S. 263
270 van Maarsen, S. 44; Gold, S. 16
271 van Maarsen, S. 44
272 TGB, S. 285 (a)
273 Telegraaf, 9. Juli 1942, S. 9

274 Video Over jou … Interview mit Miep Gies
275 TGB, S. 392 (b)
276 CD-ROM; Lee, S. 171, Müller, S. 242 f.
277 TGB, S. 333 (a), S. 343 (b)
278 TGB, S. 258 f. (b)
279 TGB, S. 258 f. (b)
280 TGB, S. 259 (b)
281 TGB, S. 260 (b)
282 TGB, S. 254 (a)
283 TGB, S. 261 (b)
284 TGB, S. 261 (b)
285 TGB, S. 266 (a)
286 TGB, S. 268 (a)
287 TGB, S. 268 (a)
288 TGB, S. 268 (b)
289 Nussbaum
290 TGB, S. 285 (a)
291 TGB, S. 285 (a)
292 TGB, S. 285 (a)
293 TGB, S. 285 (a)
294 TGB, S. 286 (a)
295 TGB, S. 280 (a)
296 TGB, S. 282 (b)
297 TGB, S. 282 (b)
298 TGB, S. 282 (b)
299 TGB, S. 283 (b)
300 TGB, S. 289 (b)
301 TGB, S. 303 ff. (b)
302 Video Over jou …, Interview mit Miep Gies
303 TGB, S. 318 (a)
304 TGB, S. 295 (b)
305 TGB, S. 295 (b)
306 TGB, S. 295 (b)
307 TGB, S. 298 (b)
308 TGB, S. 300 (b)
309 Video Over jou …, Interview mit Miep Gies
310 TGB, S. 313 (a)
311 TGB, S. 314 (a)
312 TGB, S. 316 (a)
313 TGB, S. 321 (b)
314 TGB, S. 321 (a), S. 339 (a)
315 TGB, S. 321 f. (a)
316 TGB, S. 322 (b)
317 CD-ROM
318 TGB, S. 327 (a)
319 TGB, S. 321 ff. (a), (b), S. 335 (a), S. 336 (a)
320 TGB, S. 326 (a), S. 332 (a), S. 341 (a), S. 344 (a), S. 372 (b), S. 403 (b), S. 698 (a)
321 TGB, S. 333 (a)
322 TGB, S. 343 (b)
323 TGB, S. 343 (b)
324 TGB, S. 333 (a), S. 345 (a)
325 TGB, S. 333 (a)
326 TGB, S. 318 f. (a)
327 TGB, S. 334 (a)
328 TGB, S. 335 (a)
329 TGB, S. 569 (G)
330 TGB, S. 339 (a)
331 TGB, S. 344 (a)
332 TGB, S. 356 (b)
333 van der Zee, S. 97
334 TGB, S. 363 f. (b)
335 TGB, S. 369 (b)
336 TGB, S. 370 (b)
337 TGB, S. 371 (b)
338 TGB, S. 372 (b)
339 TGB, S. 372 f. (b)
340 TGB, S. 470 f. (b)
341 TGB, S. 374 ff. (b)
342 TGB, S. 381 (b), grammatikalische Unebenheit auch im niederländischen Original, DGB (1986), S. 345 (b)
343 TGB, S. 383 (b)
344 TGB, S. 385 (b)
345 TGB, S. 387 ff. (b)
346 TGB, S. 390 f (b)
347 TGB, S. 393 (b)
348 TGB, S. 399 (b)
349 TGB, S. 695 (a)
350 TGB, S. 404 (b); CD-ROM; vgl. Herzberg, S. 160
351 TGB, S. 408 ff. (a)
352 TGB, S. 413 (a)
353 TGB, S. 430 (b)
354 TGB, S. 416 f. (b)
355 TGB, S. 419 (b); CD-ROM; KNL, S. 931
356 TGB, S. 421 (b)
357 TGB, S. 432 (b)
358 TGB, S. 429 (a)
359 TGB, S. 400 ff. (b)
360 NIOD 212 C 7c, Telefonnotiz eines Gesprächs vom 13. 10. 1981
361 TGB, S. 426 (b)
362 TGB, S. 576 ff. (a)

363 TGB, S. 672–684 (a)
364 TGB, S. 468f. (b), S. 472 (b), S. 688 (a), S. 700 (a), S. 702 (a); CD-ROM, Müller, S. 305–310
365 TGB, S. 435 (b), S. 460 (b)
366 TGB, S. 435–442 (b), S. 452–455 (b)
367 TGB, S. 456 (b), S. 462 (b)
368 TGB, S. 468 (b)
369 TGB, S. 473 (b)
370 TGB, S. 472 (b)
371 TGB, S. 470 (b)
372 TGB, S. 475 (b)
373 TGB, S. 481 (b)
374 TGB, S. 487f. (b)
375 TGB, S. 502 (a)
376 TGB, S. 513 (a)
377 TGB, S. 476 (b)
378 TGB, S. 569
379 TGB, S. 492ff. (b)
380 TGB, S. 496ff. (b)
381 TGB, S. 683 (a)
382 TGB, S. 500 (a)
383 TGB, S. 314f. (a)
384 TGB, S. 329 (a)
385 TGB, S. 347f. (a)
386 TGB, S. 349 (a)
387 TGB, S. 350 (a)
388 TGB, S. 407 (b)
389 TGB, S. 504f. (a), S. 506f. (a)
390 TGB, S. 338 (a)
391 TGB, S. 508f. (a)
392 TGB, S. 510ff. (b)
393 TGB, S. 512–518 (a)
394 TGB, S. 575 (a)
395 TGB, S. 518 (a)
396 TGB, S. 526f. (a)
397 TGB, S. 532–537 (a), S. 623f. (a)
398 TGB, S. 554 (a)
399 TGB, S. 542 (b), S. 734 (a)
400 TGB, S. 545ff. (a), (b)
401 TGB, S. 545–552 (a)
402 TGB, S. 555–564 (a), S. 566–568 (a)
403 TGB, S. 563f. (a)
404 TGB, S. 571ff. (a)
405 TGB, S. 574 (a)
406 TGB, S. 580–588 (a), S. 613f. (b), S. 634 (a), S. 642 (a), S. 645 (b)
407 TGB, S. 589–593 (a)
408 TGB, S. 629 (a)
409 TGB, S. 576ff. (a), (b), S. 599f. (a), S. 604f. (a), S. 613 (b), S. 615 (a)
410 TGB, S. 606ff. (a), (b)
411 TGB, S. 651–655 (a)
412 TGB, S. 635 (a)
413 TGB, S. 639 (a), S. 649 (a)
414 TGB, S. 647f. (a)
415 TGB, S. 656f. (a)
416 TGB, S. 658 (a)
417 TGB, S. 658 (a)
418 TGB, S. 742 (a)
419 TGB, S. 669 (a)
420 TGB, S. 670 (a)
421 Nussbaum
422 Die hier vorliegende Darstellung macht die Fassungen der Aufzeichnungen Anne Franks mit (a) und (b) kenntlich.
423 Nussbaum
424 TGB, S. 660 (a)
425 Presser, Bd. 2, S. 177
426 TGB, S. 663 (a)
427 TGB, S. 673–685 (a)
428 TGB, S. 688f. (a); CD-ROM
429 TGB, S. 694 (a)
430 TGB, S. 706–708 (a)
431 TGB, S. 709–711 (a), S. 716 (a), S. 718–722 (a)
432 TGB, S. 713 (a)
433 TGB, S. 723 (a)
434 TGB, S. 732 (a)
435 TGB, S. 741 (a)
436 TGB, S. 748 (a)
437 TGB, S. 751ff. (a)
438 TGB, S. 758f. (a)
439 TGB, S. 765 (a), S. 776 (a)
440 TGB, S. 768f. (a)
441 TGB, S. 766f. (a)
442 TGB, S. 771 (a)
443 TGB, S. 773 (a)
444 TGB, S. 777f. (a)
445 TGB, S. 781–786 (a), S. 789f. (a)
446 TGB, S. 781–786 (a)
447 TGB, S. 787f. (a)
448 Paape in: TGB, S. 23
449 Otto Frank nach Paape, in: TGB, S. 24
450 TGB, S. 677 (a)
451 Otto Frank nach Paape, in: TGB, S. 25
452 Gies, S. 196

453 Ebd., S. 197
454 Ebd., S. 202–204
455 Ebd., S. 204 f.
456 TGB, S. 677 (a)
457 Janny Brandes-Brilleslijper nach Lindwer, S. 76
458 Ebd., S. 77
459 TGB, S. 321(a), S. 339 (a)
460 TGB, S. 321 (b)
461 Philip Mechanicus, zitiert nach Boas, S. 103
462 Ebd., S. 148
463 Ebd., S. 42
464 Presser, Bd. II, S. 348
465 EH, S. 1578
466 Rosa de Winter, nach Schnabel, S. 129; Janny Brandes-Brilleslijper, nach Lindwer, S. 77
467 Janny Brandes-Brilleslijper nach Lindwer, S. 77
468 Rosa de Winter nach Schnabel, S. 130
469 Ebd., S. 129 f.
470 TGB, S. 496 ff. (b), vgl. Anm. 91
471 TGB, S. 468 (b), vgl. Anm. 87
472 TGB, S. 370 (b), vgl. Anm. 81
473 TGB, S. 233 (a); vgl. Anm. 34
474 Janny Brandes-Brilleslijper nach Lindwer, S. 78
475 Boas, S. 154, Presser, Bd. II, S. 304
476 Janny Brandes-Brilleslijper nach Lindwer, S. 79
477 Vgl. hier Anm. 23
478 Janny Brandes-Brilleslijper nach Lindwer, S. 78 f.
479 Rosa de Winter nach Schnabel, S. 132
480 Ebd., S. 131
481 Ebd., S. 132
482 CZW, S. 307, S. 372; KDN, S. 937
483 Czech, S. 868 f.; vgl. Schnabel, S. 132; Paape, TGB, S. 56
484 Schnabel, S. 132 f.
485 Paape, TGB, S. 56
486 Czech, S. 868
487 AFH, S. 200
488 Ebd., S. 202 f.
489 Rosa de Winter nach Schnabel, S. 134; vgl. Lee, S. 241
490 Lenie de Jong-van Naarden nach Lindwer, S. 193
491 AFH, S. 204 f.
492 AHF, S. 210 f.
493 AHF, S. 212 f.
494 Hannah Goslar nach Lindwer, S. 46
495 Rachel van Amerongen-Frankforder nach Lindwer, S. 134
496 Hannah Goslar nach Lindwer, S. 47
497 Ebd., S. 48 f.
498 Brandes-Brilleslijper nach Lindwer, S. 103
499 MEM, S. 208; vgl. GED, S. 346
500 MEM, S. 210; vgl. GED, S. 351
501 MEM, S. 212; für Edith Frank findet sich im deutschen Gedenkbuch kein Eintrag unter «Frank». Vgl. GED, S. 345–353, S. 1667 f.
502 MEM, S. 561, vgl. GED, S. 1526 unter «van Pels»
503 MEM, S. 561, vgl. GED, S. 1137 unter «Pels»
504 MEM, S. 561, vgl. GED, S. 1526 unter «van Pels». Es ist nicht zu entscheiden, ob das in MEM und GED genannte Todesdatum für Herman van Pels korrekt ist oder ob Otto Frank Recht hat, wenn er Oktober 1944 als Datum angibt.
505 MEM, S. 564, vgl. GED, S. 1142
506 Gies, S. 231
507 Vgl. NIOD, S. 212 C 6 f.
508 Gies, S. 235
509 Otto Frank nach van der Stroom, S. 71
510 Ebd., S. 75 ff.
511 Ebd., S. 77–82; Barnouw, S. 22
512 van der Stroom, S. 82–85; Wielenga, S. 48
513 Barnouw, S. 7
514 Ebd., S. 35
515 Ebd., S. 49
516 Waaldijk, S. 330; vgl. de Costa und Stam
517 Vgl. etwa Abram, S. 121 f.; vgl. auch Rensman und Loewy
518 TGB, S. 786 (a)
519 van Vree, S. 97 f.
520 Vgl. Lindwer

ZEITTAFEL

12. Mai 1889 Otto Frank in Frankfurt geboren.

16. Januar 1900 Edith Holländer in Aachen geboren.

12. Mai 1925 Heirat von Otto und Edith in Aachen.

16. Februar 1926 Margot Frank in Frankfurt geboren.

12. Juni 1929 Anne Frank wird in Frankfurt geboren.

März 1931 Umzug der Familie in die Ganghoferstrasse 24.

März 1933 «Aus wirtschaftlichen Gründen» zieht die Familie zurück in Otto Franks Elternhaus.

Sommer 1933 Otto Frank zieht nach Amsterdam; Edith Frank und die Töchter kommen vorübergehend bei Annes Großmutter in Aachen unter.

Oktober 1933 Annes Großmutter Alice Frank-Stern emigriert von Frankfurt nach Basel.

5. Dezember 1933 Otto und Edith Frank richten die zweite Etage des Hauses Merwedeplein 37 als künftiges Domizil der Familie ein. Im Lauf des Monats holen sie ihre ältere Tochter Margot aus Aachen nach Amsterdam.

Februar 1934 Anne kommt nach Amsterdam.

Sommer 1937 Hermann und Auguste van Pels emigrieren mit ihrem Sohn Peter von Osnabrück nach Amsterdam.

12. November 1938 Edith Franks Bruder Walter Holländer wird in Aachen verhaftet und in das Konzentrationslager Sachsenhausen verschleppt.

November 1938 Fritz Pfeffer und Charlotte Kaletta fliehen aus Frankfurt nach Amsterdam.

März 1939 Annes Großmutter Rosa Stern-Holländer zieht aus Aachen nach Amsterdam.

April 1939 Edith Franks Bruder Julius Holländer emigriert in die USA.

16. Dezember 1939 Edith Franks Bruder Walter Holländer folgt Julius in die USA.

1. Dezember 1940 Otto Franks Firmen Opecta und Pectacon ziehen in das Haus in der Prinsengracht 263.

25./26. Februar 1941 «Februar-Streik» gegen das deutsche Besatzungsregime.

Sommer 1941 Otto Frank beginnt mit der Einrichtung des Verstecks im Hinterhaus der Prinsengracht 263.

Oktober 1941 Margot und Anne müssen auf das Jüdische Lyzeum wechseln.

29. Januar 1942 Annes Großmutter Rosa Stern-Holländer stirbt in Amsterdam.

12. Juni 1942 Anne bekommt von ihrem Vater ein Tagebuch zum Geburtstag geschenkt.

5. Juli 1942 Margot erhält ihren Aufruf zum «Arbeitsdienst nach Deutschland».

6. Juli 1942 Die Familie Frank verlässt die Wohnung am Merwedeplein und taucht im Hinterhaus in der Prinsengracht 263 unter.

13. Juli 1942 Die Familie van Pels wird im Hinterhaus aufgenommen.

16. November 1942 Fritz Pfeffer taucht bei den Franks unter.

4. August 1944 Die Familien Frank, van Pels und Fritz Pfeffer werden im Hinterhaus festgenommen.

8. August 1944 Die acht Festgenommenen werden aus dem Amsterdamer Gefängnis in das «Durchgangslager Westerbork» überstellt.

3. September 1944 Mit dem letzten Transport werden Otto, Edith, Margot und Anne Frank, Hermann, Auguste und Peter van Pels und Fritz Pfeffer von Westerbork nach Auschwitz deportiert.

6. September 1944 Die Deportierten treffen in Auschwitz-Birkenau ein.

Oktober 1944 Hermann van Pels wird in Auschwitz ermordet.

Oktober 1944 Anne, ihre Schwester Margot und Auguste van Pels werden von Auschwitz nach Bergen-Belsen deportiert.

20. Dezember 1944 Fritz Pfeffer stirbt im KZ Neuengamme.

6. Januar 1945 Edith Frank stirbt in Auschwitz-Birkenau.

27. Januar 1945 Otto Frank erlebt die Befreiung des Konzentrations- und Vernichtungslagers Auschwitz durch die Rote Armee.

Februar 1945 Auguste van Pels wird von Bergen-Belsen nach Buchenwald und von dort nach Theresienstadt deportiert, wo sie vermutlich im April/Mai 1945 stirbt.

Februar/März 1945 Margot und Anne Frank sterben im KZ Bergen-Belsen wenige Wochen vor der Befreiung.

5. Mai 1945 Peter van Pels stirbt im KZ Mauthausen.

3. Juni 1945 Otto Frank kehrt nach Amsterdam zurück.

Sommer 1947 Das Tagebuch erscheint auf Niederländisch.

1952 Otto Frank zieht nach Basel.

5. Oktober 1955 Uraufführung des Theaterstücks «The Diary of Anne Frank» von Frances Goodrich und Albert Hackett.

1. Oktober 1956 Uraufführung der deutschen Übersetzung des Theaterstücks «Das Tagebuch der Anne Frank» auf neun deutschsprachigen Bühnen in der Bundesrepublik, der DDR, in Österreich und in der Schweiz.

3. Mai 1957 Gründung der Anne-Frank-Stiftung, Amsterdam.

30. Januar 1959 Johannes Kleiman stirbt.

April 1959 Europa-Premiere des Films «The Diary of Anne Frank» von George Stevens.

3. Mai 1960 Eröffnung des Anne-Frank-Hauses in der Prinsengracht.

19. August 1980 Otto Frank stirbt.

16. Dezember 1981 Tod von Viktor Kugler.

6. Mai 1983 Bep Voskuijl stirbt.

26. Januar 1993 Tod von Jan Gies.

ZEUGNISSE

Theodor Heuß

Ein kleines jüdisches Mädchen hat nach seiner «Liquidierung», wie der Vorgang des genormten Mordes genannt wurde, durch einen Stoß Papier, den sie hinterließ, Geschichte gemacht. Das ist wohl zu pathetisch formuliert. Aber ich lasse den Satz stehen, weil ein Stück Optimismus in ihn hineingeraten ist. «Das Tagebuch der Anne Frank», absichtsloses, doch begabtes Kinderspiel der Not, ist zu einem fast missionarischen Auftrag gekommen. In der Begegnung mit ihm handelt es sich fast um etwas wie eine Bewährungsprobe der deutschen Gewissensprüfung. Und wie sie bestanden wurde, hat etwas Tröstliches.

Nach Eberhard Kolb: Stimme eines Kindes im Holocaust, Hannover 1992, S. 25

Theodor W. Adorno

Man hat mir die Geschichte einer Frau erzählt, die einer Aufführung des dramatischen Tagebuchs der Anne Frank beiwohnte und danach erschüttert sagte: Ja, aber **das** Mädchen hätte man doch wenigstens leben lassen sollen. Sicherlich war selbst das gut, als erster Schritt zur Einsicht. Aber der individuelle Fall, der auf-klärend für das furchtbare Ganze einstehen soll, wurde gleichzeitig durch seine Individuation zum Alibi des Ganzen, das jene Frau darüber vergaß. Das Vertrackte solcher Beobachtungen bleibt, dass man nicht einmal um ihretwillen Aufführungen des Anne-Frank-Stückes, und Ähnlichem, widerraten kann, weil ihre Wirkung ja doch, so viel einem daran auch widerstrebt, so sehr es auch an der Würde der Toten zu freveln scheint, dem Potential des Besseren zufließt.

Was bedeutet Aufarbeitung der Vergangenheit. Frankfurt a. M. 1960, S. 22

Primo Levi

Eine Einzelperson wie Anne Frank erweckt mehr Anteilnahme als die Ungezählten, die wie sie gelitten haben, deren Bilder aber im Dunkeln geblieben sind. Vielleicht muss es so sein; müssten oder könnten wir die Leiden aller erleiden, könnten wir nicht leben.

Dick van Galen Last und Rolf Wolfswinkel

Es ist keine Übertreibung zu sagen, dass ihr Gesicht mit dem traurigen schüchternen Lächeln eine der Ikonen des Jahrhunderts geworden ist, eine heutige Mona Lisa.

Anne Frank and After. Amsterdam 1996, S. 13

BIBLIOGRAPHIE

Ausgaben des «Tagebuchs»

De Dagboeken van Anne Frank. 's-Gravenhage, Amsterdam 1986 [DGB]

De Dagboeken van Anne Frank. Amsterdam 2001 [DGBa]

«Die Tagebücher der Anne Frank». Vollständige, textkritische, kommentierte Ausgabe. Aus dem Niederländischen von Mirjam Pressler. © 1986 by ANNE FRANK-Fonds, Basel/Schweiz. Für die deutsche Übersetzung © 1988 S. Fischer Verlag GmbH, Frankfurt am Main. Der Abdruck der Zitate aus den Anne Frank Tagebüchern erfolgt mit freundlicher Genehmigung der S. Fischer Verlag GmbH, Frankfurt am Main.

Biographien und biographische Skizzen

Bouhuys, Mies: Anne Frank is niet van gisteren. Amsterdam 1982

Lee, Carol Ann: Anne Frank. Die Biographie. München 2000

—: Pluk rozen op aarde en vergeet mij niet. Anne Frank 1929–1945. Amsterdam 1998 [Lee (ndl.)]

Lindwer, Willy: Anne Frank. Die letzten sieben Monate. Augenzeuginnen berichten. Frankfurt a. M. 1996

Müller, Melissa: Das Mädchen Anne Frank. Die Biographie. München 1998

Pressler, Mirjam: Ich sehne mich so. Die Lebensgeschichte der Anne Frank. Weinheim, Basel 1997

Schnabel, Ernst: Anne Frank. Spur eines Kindes. Frankfurt a. M. 1997 [Erstausgabe: 1958]

Autobiographien und Biographien von Zeitzeugen

Gies, Miep: Meine Zeit mit Anne Frank. München 1987

Gold, Alison Leslie: Erinnerungen an Anne Frank. Nachdenken über eine Kinderfreundschaft. Ravensburg 1998 [Hannah Goslar]

Maarsen, Jacqueline van: Meine Freundin Anne Frank. München 1997

Monographien

Anne Frank Stichting (Hg.): Anne Frank in the world. Die Welt der Anne Frank [Ausstellungskatalog]. Amsterdam 1985

Barnouw, David: Anne Frank – Vom Mädchen zum Mythos. München 1999

Berghuis, Corrie K.: Joodse Vluchtelingen in Nederland 1938–1940. Kampen o. J.

Bierganz, Manfred; Kreutz, Annelie: Juden in Aachen. Aachen 1988

Boas, Jacob: Boulevard des Misères. Het verhaal van doorgangskamp Westerbork. Amsterdam 1988

—: Eva, Dawid, Yitschak en Anne. Oorlogsdagboeken van joodse kinderen. Amsterdam 1994

Cohen, Elie A.: De afgrond. Een Ego-document. Amsterdam, Brüssel 1971

Costa, Denise de: Anne Frank & Etty Hillesum. Amsterdam 1996

Enzer, Hyman A.; Solotaroff-Enzer, Sandra (Hg.): Anne Frank. Reflections on Her Life and Legacy. Urbana, Chicago 2000

Feldhay Brenner, Rachel: Writing as Resistance. Four Women Confronting the Holocaust. University of Pennsylvania 1997

Fogelman, E.: Wir waren keine Helden. Lebensretter im Angesicht des Holocaust – Motive, Geschichten,

Hintergründe. Frankfurt a. M., New York 1995.

Freimark, Peter; Kopitzsch, Wolfgang: Anne Frank – ein jüdisches Schicksal. Texte und Materialien für die politische Bildung. Hamburg 1979

Galen Last, Dick van; Wolfswinkel, Rolf: Anne Frank and After. Dutch Holocaust Literature in Historical Perspective. Amsterdam 1996

Graver, Lawrence: An Obsession with Anne Frank. Meyer Levin and the Diary. Berkeley, Los Angeles, London 1995

Jakob, Volker; Voort, Annet van der: Anne Frank war nicht allein. Berlin, Bonn 1988

Kolb, Eberhard: Stimme eines Kindes im Holocaust. Hannover 1992

Komitee Hamburg der Kinder und Jugend-Aliyah, Gesellschaft für Christlich-Jüdische Zusammenarbeit (Hg.): Das Tagebuch der Anne Frank. Sonderaufführung des Thalia-Theaters Hamburg am 20. Oktober 1957 [Begleitheft]

Melnick, Ralph: The Stolen Legacy of Anne Frank. Meyer Levin, Lilian Hellman, and the Staging of the Diary. New Haven, London 1997

Metselaar, Menno; Rol, Ruud van der; Stam, Dienke: Anne Frank Huis. Een museum met een verhaal. Amsterdam 1999 [AFH]

Miller, Judith: One by One by One. The Landmark Exploration of the Holocaust and the Uses of Memory. New York 1991

Rensman, Eva: De Anne Frank Stichting en haar lessen uit de Tweede Wereldoorlog 1957–1994. Utrecht 1995

Roest, Friso; Scheren, Jos: Oorlog in de stad. Amsterdam 1939–1941. Amsterdam 1998

Stapferhaus Lenzburg (Hg.): Anne Frank und wir. Zürich 1995

Steen, Jürgen; Wolzogen, Wolf von: Anne aus Frankfurt. Leben und Lebenswelt Anne Franks. Frankfurt a. M. 1994

Steenmeijer, Anna G. (Hg.): Weerklank van Anne Frank. Amsterdam 1970

Wilson, Cara: Liefs, Otto. Utrecht 1995

Aufsätze

Abram, Ido: Erziehung nach Auschwitz in der multikulturellen Gesellschaft der Niederlande. In: Schreier, Helmut; Heyl, Matthias (Hg.): Die Gegenwart der Schoah. Hamburg 1994, S. 111–128

Adorno, Theodor W.: Was bedeutet Aufarbeitung der Vergangenheit. In: Was bedeutet: Aufarbeitung der Vergangenheit? Bericht über die Erzieherkonferenz am 6. und 7. November 1959 in Wiesbaden. Frankfurt a. M. 1960

Barnouw, David: Angriffe auf die Echtheit des Tagebuches. In: TGB, S. 99–118

–: Das Theaterstück. In: TGB, S. 91–95

Costa, Denise de: Ballingschap en (zelf)censuur in de dagboeken van Anne Frank. In: Lover 94/2, S. 5–7

Bettelheim, Bruno: Anne Frank – eine verpasste Lektion. In: Erziehung zum Überleben. Zur Psychologie der Extremsituation. München 1982, S. 225–265

Hardy, H. J. J.: Zusammenfassung der Ergebnisse der vergleichenden Untersuchung der Handschriften und der urkundentechnischen Untersuchung der Textdokumente, die als Tagebuch der Anne Frank bekannt sind. In: TGB, S. 119–202

Loewy, Hanno: Das gerettete Kind. Die «Universalisierung» der Anne Frank. In: Der Deutschunterricht, Heft 4/97, S. 28–39

Nussbaum, Laureen: Anne's Diary Incomplete. How important are the five withheld pages? In: Anne

Frank Magazine. Amsterdam 1999,
S. 25–27
Paape, Harry: «... zugezogen aus
Frankfurt am Main». In: TGB,
S. 1–22
–: Gefangenschaft und Deportation.
In: TGB, S. 55–65
–: Der Verrat. In: TGB, S. 31–53
–: Die Verhaftung. In: TGB, S. 23–29
Rosenfeld, Alvin H.: Popularization
and Memory: the Case of Anne
Frank. In: Hayes, Peter (Hg.): Les-
sons and Legacies. The Meaning
of the Holocaust in a Changing
World. Evanston 1991
Stam, Dieneke: «Laat me mezelf zijn,
dan ben ik tevreden». Anne Frank
1944. In: Jaarboek voor Vrouwen-
geschiedenis 15. Sekse en oorlog.
Amsterdam 1995, S. 153–161
Stroom, Gerold van der: Die Tage-
bücher, «Het Achterhuis» und die
Übersetzungen. In: TGB, S. 67–89
Waaldijk, Berteke: Reading Anne
Frank as a woman. In: Women's
Studys International Forum.
Vol. 16, Nr. 4/1993, S. 327–335

Hilfsmittel und Nachschlagewerke

Aarsbergen, Aart, u. a.: Kroniek
van Nederland. Amsterdam 1987
Dresden, Sem: Holocaust und Litera-
tur. Frankfurt a. M. 1997
Enzyklopädie des Holocaust. Berlin
1993, 3 Bände [EH]
Jong, Loe de: Het Koningrijk der
Nederlanden in de Tweede
Wereldoorlog. 's-Gravenhage
1969 ff., 14 Bände
Leeflang, T.: De bioscoop in de oor-
log. Amsterdam 1990
Meershoek, Guus: Dienaren van het
gezag. De Amsterdamse politie tij-
dens de bezetting. Amsterdam 1999
Neues Lexikon des Judentums.
Gütersloh, München 1992 [NLJ]
Presser, Jacques: Ondergang. De
vervolging en verdelging van het

Nederlandse jodendom 1940–1945.
's-Gravenhage 1977, 2 Bände
Verzetsmuseum: Het Verzetsmuseum
Amsterdam. The Dutch Resistance
Museum. Amsterdam 2000
Vree, Frank van: In de schaduw van
Auschwitz: Herinneringen, beel-
den, geschiedenis. Groningen 1995
Walk, Joseph: Das Sonderrecht für
die Juden im NS-Staat. Heidelberg
²1996
Wielenga, Friso: Schaduwen van de
Duitse geschiedenis. Amsterdam
1993

Chroniken

Chronik der Deutschen. Gütersloh
1995 [CD]
Chronik des Zweiten Weltkriegs.
Gütersloh 1997 [CZW]
Kroniek van Nederland. Amsterdam
1987 [KNL]

Gedenkbücher

Gedenkbuch – Opfer der Verfolgung
der Juden unter der nationalsozialistischen Gewaltherrschaft in
Deutschland 1933–1945. Koblenz
1986 [GED]
In Memoriam. לזכר. Den Haag 1995
[MEM]

Künstlerische Bearbeitungen

Frid, Grigori: Das Tagebuch der Anne
Frank. Frankfurt a. M. 1997 [Pro-
grammheft der Oper Frankfurt]
Roth, Philip: Der Ghostwriter. München 1980
Schwarz, Michael: Felix Droese – Ich
habe Anne Frank umgebracht. Ein
Aufstand der Zeichen. Frankfurt
a. M. 1988

Medien – Filme

Anne Frank. Das fehlende Kapitel.
  D 1998
Anne Frank Remembered. 1995.
  Regie: John Blair
Das Tagebuch der Anne Frank. USA
  1959. Regie: George Stevens

Videos der Anne Frank Stichting, Amsterdam

Einige der Videos liegen auch in
  deutscher Sprache vor. Aus doku-
  mentarischen Gründen wurden
  hier die niederländischen Original-
  versionen zu Rate gezogen.

Das Tagebuch der Anne Frank.
  Ein Buch voller Träume. NL.
  Regie: Frits Leentvaar
Lieve Kitty. Een film over het leven
  en het dagboek van Anne Frank.
  NL. Regie: Wouter van der Sluis
Niet meer dan een dagboek. NL.
  Regie: Wouter van der Sluis
Ooggetuigen. Anne Frank. Een
  geschiedenis voor vandaag. NL
«Over jou schrijf ik ook». Herinne-
  ringen van Miep Gies aan Anne
  Frank. NL 1997. Regie: Wouter van
  der Sluis
CD-ROM der Anne Frank Stichting,
  Amsterdam; Anne Frank Haus. Ein
  Haus mit einer Geschichte. Amster-
  dam 2000 [CD-ROM]

ÜBER DEN AUTOR

Matthias Heyl, 1965 in Hamburg geboren. Studium der Geschichte, Psychologie und Erziehungswissenschaft und Promotion mit einer vergleichenden Studie zur «Erziehung nach Auschwitz» in Deutschland, den Niederlanden, Israel und den USA. Verfasser von Büchern und Essays zum pädagogischen Umgang mit der Geschichte des Holocaust. Von 1998 bis 2002 Leiter der Forschungs- und Arbeitsstelle «Erziehung nach/über Auschwitz» in Hamburg, seit 2002 Leiter der Jugendbegegnungsstätte Ravensbrück.

Bernhard («Buddy») Elias gebührt Dank für die Durchsicht des Textes. Für ihre Unterstützung bei der Bewertung der aufgesuchten Quellen danke ich den Kollegen Ido Abram, David Barnouw, Hans Blom, Dienke Hondius, Menno Metselaar und Dienke Stam. Gabriela Fenyes, Karin König und Wolfgang Kraushaar waren geduldige und konstruktive Freunde im Hintergrund. Meiner Frau und Kollegin Margit Maronde-Heyl, unserer Tochter Marieke und unseren Freunden möchte ich für ihre Geduld und Unterstützung danken. Ohne die Anteilnahme unseres Freundes und Kollegen Lutz van Dijk wäre die Arbeit an diesem Buch nicht gelungen. Mein Dank gilt außerdem der Anne Frank Stichting in Amsterdam, dem Anne Frank-Fonds in Basel und Miep Gies.

QUELLENNACHWEIS DER ABBILDUNGEN

© AFF / AFS, Amsterdam: Umschlag-
  vorderseite, 13, 16, 36 / 37, 79,
  82 / 83, 100, 135, 136, Umschlag-
  rückseite oben
Anne Frank-Fonds, Basel: 3, 59
S. Fischer Verlag, Frankfurt a. M.: 7
Historisches Museum Frankfurt
  a. M.: 14 (Foto: Heinz Kegel), 17
  (Foto: Ursula Seitz-Gray)
Aus: Historisch-topografische Atlas
  van het Gemeentearchief Amster-
  dam: 21
Jan Wiegel: 23
Stadtarchiv Aachen: 32
Spaarnestad Fotoarchief, Haarlem:
  42, 47

Nederlands Instituut voor Oorlogs-
  documentatie, Amsterdam: 45, 60,
  63, 72, 105, 117, 120, 133
Privatsammlung Gies: 49, 71, 75
Foto KLM Aerocarto, Arnhem,
  Niederlande: 66 / 67
Wubbo de Jong, Amsterdam: 68, 69,
  90
© Cas Oorthuys / The Netherlands
  Photo Archives, Rotterdam: 73
Maria Austria / MAI, Amsterdam: 85,
  112, 113, 132, Umschlagrückseite
  unten
Herinneringscentrum Kamp Wester-
  bork: 124
Informatiebureau Nederlandse
  Rode Kruis, Coll. Oorlogsarchief:
  125 (2)
ullstein bild, Berlin: 129

Trotz sorgfältiger Recherchen konnten nicht alle Rechteinhaber ermittelt
werden. Der Verlag ist bereit, berechtigte Ansprüche in üblicher Weise ab-
zugelten.

Geschichte / Politik

rowohlts monographien
Begründet von Kurt Kusenberg, herausgegeben von Wolfgang Müller und Uwe Naumann.

Eine Auswahl:

Konrad Adenauer
dargestellt von
Gösta von Uexküll
(50234)

Kemal Atatürk
dargestellt von Bernd Rill
(50346)

Anita Augspurg
dargestellt von
Christiane Henke
(50423)

Willy Brandt
dargestellt von Carola Stern
(50232)

Heinrich VIII.
dargestellt von
Uwe Baumann
(50446)

Adolf Hitler
dargestellt von
Harald Steffahn
(50316)

Thomas Jefferson
dargestellt von
Peter Nicolaisen
(50405)

Rosa Luxemburg
dargestellt von
Helmut Hirsch
(50158)

Nelson Mandela
dargestellt von
Albrecht Hagemann
(50580)

Franklin Delano
Roosevelt
Alan Posener

Mao Tse-tung
dargestellt von
Tilemann Grimm
(50141)

Franklin Delano Roosevelt
dargestellt von Alan Posener
(50589)

Helmut Schmidt
dargestellt von Harald
Steffahn
(50444)

Claus Schenk Graf von Stauffenberg
dargestellt von
Harald Steffahn
(50520)

Richard von Weizsäcker
dargestellt von
Harald Steffahn
(50479)

rowohlts monographien

Weitere Informationen in der
Rowohlt Revue, kostenlos in
Ihrer Buchhandlung, und im
Internet: www.rororo.de

4504/10

Literatur

rowohlts monographien

Begründet von Kurt Kusen-
berg, herausgegeben von
Wolfgang Müller und Uwe
Naumann.

Alfred Andersch
dargestellt von
Bernhard Jendricke
(50395)

Lou Andreas-Salomé
dargestellt von Linde Salber
(50463)

Bettine von Arnim
dargestellt von
Helmut Hirsch
(50369)

Jane Austen
dargestellt von
Wolfgang Martynkewicz
(50528)

Simone de Beauvoir
dargestellt von
Christiane Zehl Romero
(50260)

Wolfgang Borchert
dargestellt von
Peter Rühmkorf
(50058)

Albert Camus
dargestellt von
Brigitte Sändig
(50635)

Raymond Chandler
dargestellt von
Thomas Degering
(50377)

Joseph von Eichendorff
dargstellt von
Hermann Korte
(50568)

Ernest Hemingway
Hans-Peter Rodenberg

Theodor Fontane
dargestellt von
Helmuth Nürnberger
(50145)

Frauen um Goethe
dargestellt von Astrid Seele
(50636)

Ernest Hemingway
dargestellt von
Hans-Peter Rodenberg
(50626)

Henrik Ibsen
dargestellt von
Gerd E. Rieger
(50295)

James Joyce
dargestellt von Jean Paris
(50040)

Ein Gesamtverzeichnis der
Reihe *rowohlts mono-
graphien* finden Sie in der
Rowohlt Revue. Viertel-
jährlich neu. Kostenlos in
Ihrer Buchhandlung.
Rowohlt im Internet:
www.rowohlt.de

rowohlts monographien

4505/11